卫国英雄

刘永福

廖宗麟◎著

民族已在危难之间，
大好河山
岂容他人掠夺！

辽宁人民出版社

图书在版编目（CIP）数据

卫国英雄刘永福：青少版 / 廖宗麟著. —沈阳：辽宁人民出版社，2017.1
ISBN 978-7-205-08762-3

Ⅰ. ①卫… Ⅱ. ①廖… Ⅲ. ①刘永福（1837-1917）—传记—青少年读物 Ⅳ. ① K825.2-49

中国版本图书馆 CIP 数据核字（2016）第 271538 号

出版发行：辽宁人民出版社
地址：沈阳市和平区十一纬路 25 号　邮编：110003
电话：024-23284321（邮　购）　024-23284324（发行部）
传真：024-23284191（发行部）　024-23284304（办公室）
http://www.lnpph.com.cn
印　　刷：辽宁奥美雅印刷有限公司
幅面尺寸：155mm × 227mm
印　　张：13
字　　数：120 千字
出版时间：2017 年 1 月第 1 版
印刷时间：2017 年 1 月第 1 次印刷
责任编辑：韩　喆
装帧设计：琥珀视觉
责任校对：金　荣
书　　号：ISBN 978-7-205-08762-3

定　　价：28.00 元

晚清名将刘永福

刘永福画像

画作《刘军伏兵》

序 言

每次看中国地图，我都深为祖国的地大物博、山河壮美和历史悠久自豪。中华民族是在波澜壮阔的历史进程中形成的，这个过程充满了血与火的战斗、生与死的考验。明清两朝，由于国势衰微，国家陷入灾难深重、任人宰割的境地，多次受到侵略者的肆意欺凌、掠夺和瓜分。国家饱经外患而仍生生不息，是人民群众团结战斗、奋力反抗的结果，在这救亡图存的过程中涌现出一批又一批优秀的卫国英雄。这些英雄人物面对“山河破碎风飘絮”，不畏强敌，挺身而出，带领人民群众拿起武器，保家卫国，这才使得国家一次次转危为安、化险为夷。敢于冒着敌人的炮火前进，奋勇杀敌，舍生取义，挽狂澜于既倒，扶大厦之将倾，这是真英雄的写照。面对侵略敢于战斗，面对强敌敢于亮剑，方显英雄本色。卫国英雄是中华民族的脊梁，是中国人民的骄傲。他们用实际行动证明：中华民族不可侮，中国人民不可欺。

我们都有一个梦，名字叫“中国梦”。目前，全国人民正并肩携手走在实现民族复兴中国梦的康庄大道上。少年强则国家强，我辈少年当自强。中国梦的实现需要青少年学习英雄精神，接力团结奋斗。卫国英雄的浩然正气与天地共存，与日月同辉。卫国英雄的光辉事迹彪炳千秋，催人奋进。卫国英雄英勇善战、所向披靡的英雄气概，为青少年所敬仰。当代青少年有幸生活在我国几十年没有战争的和平环境中，但是，千万不要因此觉得天下太平。环视周边安全，需要高度警惕，不能掉以轻心。我国国土尚未完全统一，台湾一直孤悬海外，没有回归祖国。目前，台湾政权轮替后，岛内分裂势力更加猖獗，两岸和平发展面临新的挑战和变数。同时，从东海到南海，从钓鱼岛到永暑礁，我国主权受到域内外的多方挑衅和侵犯。天下虽安，忘战必危，何况今日之周边战云密布。在国家安全环境复杂的新形势下，用历史告诉现实，引导青少年弘扬前辈英雄戍边卫疆、保家卫国的爱国主义精神，既具有深远的历史意义，又具有重要的现实意义。

青少年向卫国英雄学习什么？我认为，核心即是学习他们炽热强烈的爱国主义精神。和平与发展仍然是当今时代的主题，我们要时刻关注国与国之间每日存在的科技、经济、文化和综合国力的竞争。我们还面临许多不公平的国际规则，常常受到发达国家的不公正对待。爱国不是抽象的，而是具体的，青少年要根据自身特点，找到合适的爱国路径。

我高兴地看到，辽宁人民出版社的卫国英雄丛书以人物传记的方式，介绍明朝抗倭名将戚继光、抗倭名将俞大猷、明平息倭患的胡宗宪、明清之际收复台湾的郑成功、清朝道光时期严禁鸦片的林则徐、收复新疆的左宗棠、抗法名将冯子材、抗法抗日的刘永福、甲午海战名将丁汝昌和邓世昌等十位卫国英雄抵御外侮、保家卫国的故事。十位卫国英雄尽管所处时代不同、成长经历不同、战斗故事不同，但都敢于同外敌进行不屈不挠、艰苦卓绝的斗争，用奋勇杀敌的实际行动，维护国家的领土完整、保障人民的安居乐业。这套丛书主题鲜明，思想深刻，情节生动，文字优美，通俗易懂，适合青少年学习和阅读，可以说是青少年学习和弘扬爱国主义精神的生动教材。我相信，青少年读者阅读这套丛书，一定会为卫国英雄的爱国故事所感动，为卫国英雄的凛然正气所感染，从卫国英雄的故事中汲取勇气、智慧和力量，不断增强爱国之情，砥砺强国之志，在实现中国梦的伟大实践中放飞人生梦想，绽放绚丽青春。

中国青少年研究中心副主任　张良驯

2016 年 5 月 17 日

CONTENTS

目录

CONTENTS

目录

第一章 黑虎出山

第一节　创建黑旗军

1857 年的一天，年已 20 岁，身材中等而略显瘦削的刘永福，像往日一样，到山上砍了一担柴准备挑到集市上卖。午后觉得又热又累，就在路边倦睡，迷糊中，梦见一个长髯老人对他说：“黑虎将军耶？尚在山林隐伏，曷不出山乎？”醒来之后才知是一个梦，但却勾起他脱离现在那种没有希望的生活，外出另外寻找出路的念头。

刘永福，1837 年出生在广东钦州（今属广西）古森峒小峰乡的一个贫苦农民家庭。始名刘建业，又名刘义，后名刘永福，号渊亭。父刘以来，母陈媪。刘家后来又辗转搬到上思的平福新圩八甲村、隆州的柜口村，架茅为屋，辟坡而耕，生活十分贫苦。为了帮补家庭，刘永福 13 岁就到河艇上当小工，换取衣食。两年后，年仅 15 岁的刘永福就被船主雇为摊师，在船头指挥行船。在这种出没波涛的水上生涯中，他经历风雨，增长知识，锻炼体力和胆识。

每次行船归来，还在父亲的指点下学习拳棒，渐渐练成一身好武艺。后人说他：“膂力过人，学拳棒，好击剑，为万人敌。”

在这种艰难的日子里，刘永福的孝心不减。当时刘母陈媪当接生妇及为人祷神祈福，因家里贫穷，即使在寒冷的岁暮寒天，也经常夜间出去。由于家门临近小河，往返必须涉渡河水。刘永福每到夜深，就撑一只竹筏停在河畔等母亲归来。这时往往是月暗星稀，四无声籁。有时没有竹筏，刘永福就赤足单衣，立河畔相望，有时遇阴风细雨亦不避。黑夜中望见隔岸人影，则用二指撮唇呼啸。人影渐近，察见偻行挟小提筐者为其母，遂急举长篙点竹筏，渡对岸相迎。如果母亲不能按时归来，刘永福往往露立到听闻鸡鸣天亮时止。

1854 年，刘永福 17 岁。他的一家老小虽然累死累活地辛勤劳动，但家境依然贫寒。这年的秋八月，刘母病死，死后无以为殓，只得买来四合板草草薄葬。葬时，刘永福立在坟场悲痛而号，晕了过去。十一月，穷苦一生的刘以来也在贫病交加中悲惨地死去，一贫如洗的刘永福只得用家中仅有的几块床板拼成一副棺材，才勉强将父亲入地埋葬。孰料丧事刚过，债主又追上门来讨债，无奈，刘永福只得将仅有的房屋家产变卖抵债。结果，他除了一个光身之外，已别无他物，连个栖身的地方也没有，只好暂借邻乡岗凤

村陆二叔家的茅舍居住，依靠每日打鱼采樵换取衣食，就这样苦苦地又过了三年。据说，在这期间，刘永福曾经跟随友人到越南芒街打工，这是他和越南发生联系的开始。时间久了，刘永福感到生活无聊，仍回国归至陆二叔家，重操旧日行当，时而樵采，或复为舟师。开头说到刘永福打柴的事情，不过是他这段时间日常生活中的一幕。

这天傍晚，刘永福手里拿着用打柴换来的一小包米，拖着疲劳的身子回岗凤村。在邻村村头的一块空地上，看到一个年约三十、身体壮实的男子正在练武，便高兴地上前招呼："王师父！"王师父名叫王者佐，是邻村一个殷实人家的子弟，文武双全。他看到刘永福聪明伶俐，手脚利索，认为是个练武的好材料，所以平日遇到机会，就会教刘永福武艺。刘永福小时候就跟父亲刘以来学过武艺，有着一定的基础，现在王者佐愿意教他，当然高兴。在王者佐的点拨下，刘永福进步很快，算是王者佐的得意徒弟。

看着刘永福面黄肌瘦、衣衫褴褛的样子，王者佐一阵心痛，忙招呼刘永福坐下歇息。这时，王者佐注意到刘永福手中拿着的米袋，惊讶地问："你今天的收获就这么一点点？"

刘永福苦笑着点点头说："今天还算顺利，总算换到米，有时倒霉起来，连这样的一包米都不一定能换到！"

王者佐同情地摇摇头:“像你这样能吃苦耐劳，又有一身功夫，应该是能成一番事业的人，而不是这样忍饥挨饿的呀！”

刘永福望着自己破烂的衣服：“米无一筒，衣无两套，听人饭碗响而后可充饥，一日两餐，借免饥寒，愿已足了，尚望什么福，讲什么禄，言什么寿耶？”

王者佐说：“不成，你不能这样耗下去，应该另找出路！”

刘永福莫明其妙地问：“出路？像我这样的穷人还有什么出路？”

王者佐拉着刘永福的手说：“穷人当然还有出路，你看，远的有秦朝的陈胜吴广起义、明朝的李自成张献忠起义，近的有我们两广的太平天国运动，就是穷人找出路的例子！”

刘永福有点茫然地说：“这都是过去的事了，今天——”

王者佐：“今天又不是一样，你不知道吗？新宁州出了一个叫吴凌云的人，正在聚集一大群穷人起义，反抗贫穷的命运。各地穷人纷纷起来响应，你不如也去碰碰机会！”

刘永福陷入沉思，良久，他才挥挥手中的米袋说：“大丈夫不能为老百姓造福，已经够羞愧了，又怎么能总在家待着什么都不做，我确实应该出来做点事了！

说干就干，几天后，刘永福邀约几个乡人一同外出参加农民军。

他们先在迁隆投入以钦州那良人郑三为头目的一支农民军小部队中，图的是有粮饷领。到 1860 年，郑三无法发给粮饷，刘永福又改投到另一支农民军吴二部下，图的也是有粮饷发给。等到吴二也无法发给饷粮，刘永福又改投到另一支农民军王士林部下，在那里待了五年。在当时各支人马混战过程中，刘永福他们曾一度进入越南国境："王士林以此时兵马强盛，遂统领数千人攻栋州、帘栋、高槽等圩。诸地离竹朴 200 余里，皆安南境。"这些经历，成为后来刘永福率部入越南的先声。到 1865 年，刘永福又改投到黄恩宏军中，在那里待了年余。

到 1866 年，刘永福带着愿意追随他的 200 余人改投驻守在归顺（今广西扶绥）的吴阿忠，吴阿忠即令从来的 200 余人皆由刘永福统率，以便利指挥，并命掌理钱粮者卓二，给刘永福发钱二十千及白米多包，这件事同时成了黑旗军诞生的契机。

刘永福作战勇敢，治军恩威并用，所以部下都愿意听从他的指挥驱策。后来，刘永福率领部下在吴阿忠营中打了几次胜仗，屡立战功，被吴阿忠委为"左翼先锋"，开始有了些小名气。可是，刘永福投入吴阿忠部下不久，形势就急剧恶化。随着太平天国运动的失败，清政府可以腾出手来镇压各地的反清武装了。1867 年，广西清军集中上万大军围攻归顺，吴阿忠虽知力不能敌，但仍坚守归顺孤城，顽强抵抗，双方互胜负。然而，随着吴阿忠在一次战斗中受伤后，农民军的指挥遭到削弱，士气逐渐低落. 原来供给粮饷的百姓也改变了态度。这时，吴阿忠又派人来找刘永福，说十分喜欢刘永福，想将一个妹妹嫁给刘永福。

对于吴阿忠的这番举动，刘永福知道麻烦来了。不是说他嫌弃吴阿忠的妹妹有什么缺点而不愿意这门婚事，而是刘永福知道这是吴阿忠笼络自己的一种方式，结成姻亲后，刘永福就得死心塌地追随吴阿忠，荣辱与共，生死一起。但刘永福这时已看到吴阿忠军中人多而粮少，不日将有匮乏之虞，而清军人马众多，久围不解，求生的本能又使他考虑要脱离吴阿忠另觅出路。刘永福考虑自己的部队应该有独立的名号和旗帜为标志，于是在驻地安德水神庙召集大小头目商量这个事情。

安德水神庙是一间寻常的乡村小庙，不但面积小，而且在战乱时期缺乏香火，所以墙垣破败，佛像损毁，到处是厚厚的灰尘，显然已经很久没人打扫了。但聚集在一起的大小头目个个都神情严肃，谨言慎语，好像生怕说错了话，会影响部队的前途。

刘永福看到大家的精神都集中在他的身上，就慢慢地开口："大家都知道，归顺已被官军围得像铁桶一般，我们看样子是回不去了，以后的日子要靠我们自己管自己了！"

听到这里，大小头目情不自禁地齐声喊道：“我们都听义哥的，我们都听义哥的！”

刘永福往下压压手，意思叫大家静下来，然后说：“但我向来隶属他人部下，未尝自领一军独当一面，如果又遇到粮食缺乏的情况，又不能为大家找到一条出路，我有何面目对众兄弟？”

下面坐着的一个名叫农秀业的刘永福亲信头目大声说：“船到滩头水路开，只要跟着义哥走，将来何至束手无策？”

众头目在下面七嘴八舌地附和起来。刘永福等大家闹嚷一阵后，才说：“既然大家都愿意跟着我走，那么，我们要选择一面旗帜作我们的标志，如黄崇英黄头目用的就是黄旗，梁天锡梁头目用的就是红旗，我们应该用什么旗呢？”

下面又是一阵乱嚷：“青旗，青旗！”“绿旗，绿旗也不错！”“金旗，金旗多威势！”

听着这些乱嚷声，刘永福不觉有些烦心。他下意识地将眼睛往外面望去，发现这个水神庙中供奉的水神玄武大帝，其标志的旗帜就是一面七星黑旗，正直立在庙中。刘永福心中一动，就指着七星黑旗对众人大声说：“就用这面七星黑旗好了，我们的军队就叫黑旗军！”

大家愣了一下，齐齐盯着七星黑旗看了一会儿，然后兴奋地叫起来："七星黑旗好！叫黑旗军好！"

刘永福趁热打铁地叫人照样仿制一面大的七星黑旗，然后占卜一个吉日将它悬挂在庙前，并集中部下宣布黑旗军成立。众人都很高兴地说："我们应当崇奉这面七星黑旗，义哥之信义如神。"

刘永福听见这些议论，就说："黑旗已经悬立，今天我们要举行一个聚义形式，应当祭旗，用牲醴昭告天地黑旗军的成立，以证明大家的同心共德。"

大家都深以为然，于是刘永福叫人准备牲醴，在庙前与部下拜祭七星黑旗并盟誓。当行礼时，黑旗忽然被大风吹歪，大家脸色大变，以为是不祥征兆。这时，恰好刘永福对着黑旗下拜，黑旗在转瞬间又为风吹正，直立不倒，如有人扶持之者，众人又以为是大吉祥，是神灵在保佑黑旗军，于是都拍手欢呼，将黑旗稳稳直立。刘永福与部下就在庭中摆设大案，燃香焚楮，昭告天地，歃血为盟，愿共同戮力，永勿反悔。并将吴阿忠所颁给他的左翼先锋象牙印以剑斫烂拆毁，以示决裂。

既然已与吴阿忠决裂，那么，黑旗军的出路何在呢？刘永福就向部下提出到越南去发展的想法。因为当时中越边境没有严格划分，边境管理十分松弛，而越南军队的战斗力很低，对广西反清武装没有多大威胁，黑旗军入越后生存环境会比留在广西边境要好。而且刘永福还有改变行动方式的念头：即改变以往与官府作对的做法，有了向越南政府靠拢的打算。他对部下说。“现在越南苗人瑶人等少数民族正在造反，各霸一方，越国王家军队与他们战则必败，无法以救百万生民。我们这次去越南，意在帮越王攻击那些造反的苗人瑶人。事情可为则为之，事情不可为又当见机而行耳。”

第二节　创建保胜根据地

商议既定，1867 年，年已 30 岁的刘永福率领黑旗军将士 300 余人脱离吴阿忠，从安德小路进入越南。当他们来到一个叫作苏街大墟的越南乡镇时，被派去开路的部下头目农秀业已在路边等待他们，原来这苏街大墟就是农秀业为黑旗军选择的第一个落脚点。当天晚上，在安排好将士住宿后，农秀业悄悄向刘永福报告，原来他已侦探清楚，苏街大墟是由原为广西农民军将领，后入越取得越南政府授予官职的邓志雄、梁俊秀率领百余人占据的，实力远不如黑旗军；而苏街大墟人口较多，市面繁荣，完全可以供养黑旗军。因此，农秀业向他建议袭杀邓志雄、梁俊秀，夺取苏街大墟作为黑旗军的立足之地。但是，刘永福坚定了原来的想法，他断然否定了农秀业的建议；“这样的事情未能使得，我们初入越南干事，未知情况如何，要怎样做才能打开局面，只有专讲义气方可得到其他人的信用，有希望发达。如果一开始就袭杀接待自己的朋友，是恩将仇报的行为。恶名传播出去，以后再想投奔别处，谁还敢相容？我怕栖身无所，天地虽宽，何处为立足处耶？好在你们还未动手，未做出这样的事，若干了此事，谁还会去接我们？如我知道有这样的情节，也必定不会来矣！你们切切不可轻于举动，为上策也。我们不但不能袭杀邓志雄、梁俊秀，还应该备办礼物去拜访他们，交个朋友！”

刘永福的这种光明磊落的态度，感动了邓志雄和梁俊秀，在他们的帮助下，经过将近一年的徘徊和选择，1868 年春，年已 31 岁的刘永福，大概是通过邓志雄等向越南政府表示归顺，将所率黑旗军改称为越南民间武装团练。打着邓志雄等人帮助从越南政府那里弄到的剿匪名义，率领黑旗军进驻六安州。

六安州下辖六董，每董有 30 余社，在刘永福未来之前，属于白旗军头领盘文义的势力范围。盘文义为人凶狠异常，所有受他控制的各府县，遭其荼毒残害者，呼号无门，真是叫天天不应，唤地地不灵，无可奈何，只得任其鱼肉。越南政府曾多次派兵征剿，但都被盘文义打败，以至各乡受害者，只得忍气吞声，逆来顺受。显然，这是一股与越南政府和人民为敌的恶霸势力。

刘永福率领黑旗军进驻六安州后，四乡百姓如久旱逢甘霖，欢声载道，纷纷前来恳求保护他们免受盘文义的扰害，并表示愿意供给粮饷，黑旗军为了取得立足之地，也答应负起对老百姓保护之责。

黑旅军进扎六安州，这却惹怒了盘文义，他对刘永福恨之入骨，多次起兵前来攻打，据说兵力最多时达到 1 万余人。而黑旗军仅有 300 余人，但刘永福依靠当地老百姓的帮助，巧布竹签阵，终于打败了盘文义。趁着盘文义部下因为战败而军心动摇的时候，刘永福设计刺杀了盘文义，除去黑旗军入越后的第一个对手。接着，刘永福派黑旗军将士将六安州邻近各处盘文义所设各级伪官陆续擒获斩首，将那些伪官首级与盘文义的首级一同派人解呈越南的三圻巡抚请功，经过三圻巡抚的保奏，越南国王赏给刘永福等人百户的官衔。

几乎是在歼灭盘文义后，刘永福就因六安州地盘太小，越南原住民太多，越南官府管辖太强，不利于黑旗军的进一步发展，便着手准备攻打保胜。

越南的红江发源于我国云南，上游叫沅江，蛮耗以下才叫红河，它从西北流向东南，和从东北流来的南溪河汇合。合口的地方北岸是云南河口，南岸即越南保胜。因此，取道红江无论是越南商贸进入云南，抑或是云南货物输往越南，都要经过保胜，这种优越的地理环境，提供了设关收税的良好条件。但这个地方却被一个名叫何均昌的武装头目占据，到处设立关卡，强行征收过往客商的关税，而越南政府却不能过问。刘永福决定起兵攻夺保胜，“一则为越王出力，一则为自己栖身”。

何均昌听说黑旗军来攻，急忙派自己的部下前去迎敌。但哪里是黑旌军的对手，结果，损兵折将，大败而回。双方鏖战了几个月，黑旗军人马精壮，以一当百，以少胜多，多次打败何均昌所部。何均昌势穷力蹙，只得派人去河阳请黄崇英部前来助战。黄崇英原为吴阿忠手下的得力将领，延陵国失败后，他率领部分农民军溃退到越南。当时，黄崇英占据河阳地区，手下有兵数千人，他的几个兄弟也分别率数千人占据其他地方，他同时还不断召集和联络其余陆续败退入越的广西农民军余部，形成一股与越南政府对抗的割据势力，从而成为中越两国政府共同追剿的对象。

黄崇英士卒众多，人马精练，早就有意夺取保胜，扩大自己的地盘，但一直找不到出兵的机会，现在看到何均昌来求援，正中下怀，马上号令全部人马拔队启程，连同家小一同带上，以便一旦占据保胜，即作为永久根据地。

刘永福闻知黄崇英率兵前来，见他们人多势众，难以抵敌，于是决定委曲求全，以退为进，遂派人携带厚礼前去迎接黄崇英。黄崇英在吴阿忠部下时曾与刘永福共事，地位已远远高于刘永福，入越后扩大的人马又是黑旗军的十多倍，很自然就以大头目自居，却不知刘永福已不再是昔日那种落魄无依时的角色。刘永福一是不再甘心扮演受别人呼来喝去，跟随鞍前马后的二、三流人物；二是心中并不佩服黄崇英，没有把他看成是可以打开局面的雄图大略的领袖；三是前十年追随农民军各将领转战各地，最后落得个粮饷无着、安身不得的窘困结局，也使他感到农民军已在走下坡路，自己需要另闯一条路出来。因而就打定主意要和黄崇英分庭抗礼，一决高低。只是目前迫于对方人多势重，只得暂时虚与委蛇，装出一副服帖顺从的样子，其实却是貌合神离，对黄崇英处处提防，时时戒备，终至公开为敌，刀兵相见。一天夜晚，刘永福得到黄崇英军出动的消息，认为是来偷袭黑旗军，便先发制人，抢先向黄崇英军发动进攻，黄崇英猝不及防，被刘永福杀得丢盔弃甲，死伤惨重。以后，双方又交手几次，互有胜负。最后，黄崇英坚持不住，只得丢下辎重，带领残兵败将逃回河阳。

保胜原是红河的洪水冲刷出的一大片河滩地，河滩地的靠边处则是一片坡度不大的丘陵，由于它远离山西等边境城市，加上地理环境不是很好，所以，开始时并没有多少越南人在那里居住。何均昌虽然占据保胜已有一段时间了，但也没有搞多少建筑。所以只有稀拉拉的几间竹篱房屋，连一条整齐的街道也没有。进驻之始，一些黑旗军将士甚至有些沮丧："这不就是一片荒滩吗？怎么住人啊！"可刘永福却感到十分欣喜：没有越南人居住，正好招募中国人来开垦种地；没有房子，正好按照我们中国的习惯，建筑我们中国风格的房子。有了这个想法，他马上召集大小头目商议，统一大家的认识，最后决定大量召集溃退入越的农民军余部，鼓励每个黑旗军将士娶妻生子，无论婚否，都可以将亲友带来保胜，黑旗军除帮助他们建造房屋外，还无偿拨给田地让他们耕种。总之，在尽量短的时间里，把保胜开发成一个繁荣富庶的中国式的聚居地，不但安置黑旗军将士及其家属，还要建设成为黑旗军牢固的后勤基地。

当时，为了追剿溃败入越的农民军首领吴阿忠、黄崇英，清政府命广西提督冯子材率兵入越作战。1869 年七月，吴阿忠在北宁中弹受伤，不久后死去。入越广西农民军势力最大的黄崇英就成了主要打击的对象。这时，刘永福认为这是向越南政府表示诚意的机会，就请求率领黑旗军协助中越官军与黄崇英作战。这使得越南政府对刘永福的态度有了很大的转变，进一步承认刘永福和黑旗军已经可以合法地留在保胜。而冯子材因为刘永福协助清军打败黄崇英，也赏给刘永福蓝翎功牌。

这次刘永福协助冯子材追剿黄崇英，还给他自己和黑旗军带来了两点变化：一是刘永福接受了清政府的四品翎顶功牌和木质关防。虽然这不过是一些虚衔并非实际官职，但却意味着刘永福开始和清政府搭上了关系，在清政府眼里算是已经改邪归正，而不再是被清军追剿的对象，表示承认刘永福已具有合法身份。二是黑旗军内部初步摆脱过去那种散漫自发、近似各自为政的组织形式，开始仿照清军营制进行改编，这对提高黑旗军的战斗力有着很重要的意义。

1871 年以后，随着黑旗军在保胜站稳脚跟以及不断打败黄崇英等情势的发展，刘永福声望大振，入越的广西农民军的几支队伍如杨著恩、吴凤典、黄守忠等部先后前来投奔，特别是黄守忠部的加入，一下子就带来千余人，就使原来只有几百人的黑旗军，很快扩展到 2000 多人，成为北圻地区举足轻重的一支武装力量。凭着这两千余兵马，刘永福虽然还未能完全制服黄崇英，却可以改变过去坐待敌攻、被动挨打的状态，转而可以主动出击黄崇英了。

刘永福和黄崇英的战争，一直持续到光绪元年（1875），这年，刘永福率领黑旗军协助中越官军擒杀了黄崇英。在这段时间里，刘永福已经逐渐取得越南政府的信任，官职也从保胜防御使、副领兵，升到正领兵。

虽然对于刘永福来说，无论是防御使抑或是顿兵，都不过是一些虚衔，黑旗军并不因此就增加一兵一卒，或是扩大地盘。但是，这两种官衔却是越南的三、四品武职，比起百户来是高多了。这表明越南政府对待刘永福的态度，已从单纯的利用转变为逐渐信任。作为这种信任的一个显著标志，是越南政府在同治十三年（1874）决定在红江弛禁通商，正式允许黑旗军在保胜设关收税，以补军用。

得到越南政府的正式允许后，刘永福遂大力经营保胜。保胜原来并无城垣，这时刘永福建起一座周围约二里许的小城，城边建起五座高大坚固的炮楼，以拱卫全城。刘永福和自己的家属、警卫部队由干儿子刘成良管带的后营精壮勇丁 300 名，由刘文谦、刘启亮管带的亲兵营精壮勇丁 120 名等人员约 500 人住在城内，城外则搭建房屋开辟街道，安置黑旗军将士的家属居住，或做生意，或种田和经营小手工业等，各自谋生。而黑旗军将士则以营为单位，分布在各地驻守，并征收赋税作军费。

刘永福除了在保胜设关由自己收税外，又在其下游保河、屯鹤、壮支等地也设支关，上游程舍、家喻等地设正关，由黑旗军的前营督带黄守忠、左右管带吴凤典、杨著恩等承办分税。当时进出各关的商货，由云南而下者，除烟土照例不抽税外，抽税商品以锡为大宗，以 2500 斤为一票，每年可抽 2000 余票。由河内而上者，以盐为大宗，每年可抽税百万斤。合计保胜关每年可抽税银 5 万两上下；商家如银不足，可以用物相抵，这些税银都由刘永福支配，主要用于黑旗军的军费开支。红江诸关除保胜关以银作税外，其余各关都收铜钱做税款，计程舍、家喻两关每年各抽税钱十六七万贯，壮支、屯鹤、保河等三关每年各可抽六七万贯，这些钱则由前营和左右两营分收，作为他们所部的饷需。有了巩固的根据地和可靠的经济来源，就为黑旗军的生存和发展提供了有利的条件。

刘永福并将黑旗军将领弁勇分往各地驻扎：其中督带前营黄守忠，率领精壮勇丁 1000 人驻扎兴化省城；管带左营吴凤典率领精壮勇丁 400 名和管带右营杨著恩率领的精壮勇丁 300，一起驻扎山西省城；管带前队叶成林，率领精壮勇丁 250 名驻扎龙鲁；王玉枝率领精壮勇丁 200 名，防堵河阳；邓遇霖率领精壮勇丁 150 名，防堵安隆。共约 3000 人。武器装备是洋枪 200 支，火药枪 400 支，火绳枪 450 支，火筒炮 63 尊。从这些武器装备的情况来看，黑旗军是以热兵器为主的，在当时的历史条件下，有着相当的战斗力。

曾与刘永福在越南有过接触的唐景崧，在他所著《请缨日记》中记述：刘永福在保胜时，“所部必为之娶妻，将备分榷关税，走卒听其贸易”。这样做，可以保障供给，安定黑旗军将士的人心，使保胜成为黑旗军巩固的根据地。

第二章

席卷法军的黑旗旋风

第一节　轻取安邺

1873 年 12 月，正在保胜大搞土木建设的刘永福，突然接到越南北圻统督黄佐炎的命令，要他率领黑旗军到河内抵御法军。

原来，就在刘永福和黑旗军在保胜建立根据地时，法国侵越军队继在 1867 年攻占越南南圻六省，建立起法国的殖民统治后，于 1873 年开始侵略越南的北圻，率领法国侵略军的是法军上尉连长安邺。他在 11 月 20 日，悍然出兵攻占了河内。不久，安邺又分兵攻占海阳、宁平等 4 省，北圻岌岌可危了。

安邺的肆意扩大侵略，使越南政府慌了手脚，他们一面加紧和安邺的谈判，一面命令黄佐炎统督北圻军务，加强各地的防务，等待双方谈判的结果。黄佐炎奉命统督北圻军务，刘永福的黑旗军就成了他的部下，在此之前，由于刘永福追剿黄崇英有功，黄佐炎曾多次向越南政府保荐刘永福升官，两人关系较好。现在大敌当前，而越南官军又非安邺的对手，黄佐炎遂调刘永福前来抵御安邺。这时，刘永福已接受越南政府授予的保胜防御使官职，他知道黑旗军的命运已和越南政府休戚相关，加上安邺的进犯北圻将威胁刘黑旗军的生存，所以刘永福也愿意将法军赶出北圻。

接到命令后，刘永福便率黑旗军数百将士，赶到离河内城七里的罗城地方安营，与黄佐炎等越南官员会合。黄佐炎 50 多岁，长期在北圻当统督等高级官职，平日官气十足，在刘永福面前喜欢摆摆上司的架子，现在却神色憔悴，神情不安，一见刘永福，就像见到了救星一样，紧拉着刘永福的手说："老弟，这次能否打败法军，收复河内，就全靠你了。"原来，当时越南没有常备军，而是寓兵于农，平时种田，要打仗时才临时抽出当兵，武器装备也十分落后，只有少量的鸟枪和火绳枪，一般士兵拿的多是用竹子削成的竹枪，和装备洋枪洋炮的法军对敌，哪里是法军的对手，无奈只得请黑旗军出马抵御法军。

刘永福当即表示："统督大人是永福的恩主，如有差遣，敢不从命！"愿意听从黄佐炎的指挥。

黄佐炎指指面前的河内城："法军虽然只有百余人，但枪炮精利，河内巡抚阮知方和儿子都被杀了，你们可要小心！"

刘永福笑笑："他都打上门来了，就算是天兵天将，也要和他战一场，你死我活，有他没我！只是——"刘永福指指在军帐外面等候命令的黑旗军将士，继续说："我们远途而来，征尘未脱，还要派人建筑营垒、解运粮食等事情，总要歇息几天才行。"

黄佐炎摇摇头说："这些琐事怎能烦劳贵军，你们专任作战杀敌，所有建筑营垒、守营看更、解运粮食等事情则由我部下的官兵承担。他们打仗不行，做这些事情还是可以的。"

刘永福高兴了："那就好，那就好。没有这些琐碎事情纠缠，我就指挥将士作先锋早日杀敌，贵部在后面接应即可！"

黄佐炎说："王家对将军期望很大，只要将军能杀敌立功，王家不吝爵赏！"

刘永福的兴趣也上来了："不知王家准备如何赏法？"

黄佐炎说："打法军和剿土寇不同，王家应允斩法兵首级一颗，赏银 150 两，一画（表示法军军官衔级一种符号）加 10 两，二画加 20 两，如此类推！"

刘永福高兴得鼓掌大叫："重赏之下必有勇夫，等我回去向将士宣布王家恩德，将士一定奋勇杀敌！"

黑旗军在罗城驻扎数日，侦探清楚法军的情况后，刘永福就选了一个星期天（同治十二年十一月初二日，1873 年 12 月 21 日），亲自带黑旗军到河内西门外挑战法军。当时，安邺正与越南政府代表陈廷肃等在公署召开会议，还未等他们来得及详细商议，就听到报告城外有兵来攻，安邺急忙出城迎战。因为当天是星期天，大部分法兵在休假，安邺只召集到法军 20 人，越南土著士兵数人，便拖着一口山炮出城。法军武器精良，火力较猛，黑旗军佯装不敌撤退，引诱安邺到自己埋伏的地方。刘永福喝令加奖花红赏金，各军队伍奋勇向前，悉力攻敌，势甚猛烈。少时，法兵寡不敌众，遂败退向西城门奔去，安邺及各将官在后压队退走。刘永福下令追赶，随击随赶，赶到西门城外半里许，法各败将走得筋疲力尽，将到城时，聚作一团，安邺在罗城堤坝上掉进坑里，打完手枪里的子弹后，被黑旗军先锋吴凤典砍了头。安邺的副手班尼带领十几个人在另一条堤坝上搜索，也在纸桥附近中伏毙命，幸存者仓皇逃回城内。光绪八年（1882）四月，刘永福与广西将官黄桂兰谈及此战称：“同治十二年十月间，法人已得河内，仅止法兵百余人，香山勇百余，回子勇百余。永福来援之兵亦只数百，至离城数里，法人出城接仗，其队伍零星，数人一起，专以火器见长。自辰至酉，永福设伏，刀矛齐出，毙法官五人，真鬼兵十余人，永福只亡一队目，并勇六人。败退入城，若非南官议和，可以尽数歼除。”

事后，越南国王对第一次纸桥之战胜利的评价并不高：“刘团诱杀安邺，特出一辰计取，若堂堂正正与之角胜，想亦难于持久。”

即黑旗军的得胜在于引诱法军进入埋伏圈中，如果是摆开阵势堂堂正正作战，枪炮对攻，则可能不是法军的对手。因此之故，对刘永福的赏赐不多，升官也就不高，只赏刘永福副领兵官衔，仍充保胜防御使。参战的数百黑旗军将士，普赏银345两，钱3000缗，每人约银1两，钱10缗，实在是很少，未达到原先允许的赏格标准。而保胜防御使是刘永福因打败黄崇英而获授的，因此这次他所得仅为一个副领兵官的虚衔而已。一年之后，越南政府因为剿匪的需要，才把刘永福升为三宣副提督。

第一次纸桥之战的规模虽然不大，但却为越南延迟亡国惨祸达10年之久。第一次纸桥之战之后，越南的抗法形势大好，但是，腐败无能的越南政府却不懂得利用这有利形势，反而在法国殖民当局的诱骗下，于1874年3月15日，与法国签订了《法越和平同盟条约》又称为《1874年法越条约》，重申了越南是法国的保护国的条约精神，从而为后来中国援引中越宗藩关系派兵援越带来极大的麻烦。

第二节　阵斩李维业

刘永福和黑旗军第二次攻打河内，已是10年以后的事了，其目标是要消灭于光绪八年三月（1882年5月）侵占河内的法军团长李维业上校及其所率领的500余名法兵。

原来，刘永福袭杀安邺的行动，遏制了侵越法军北犯的势头达9年之久。到1882年，侵越法军决定再次北犯，而被物色来执行这一行动的，是海军上校团长李维业。3月，李维业率领两连海军陆战队，乘坐两艘舰船启程北上，于4月底攻占河内。但是，李维业发现自己手下还没有足够的行政机构和人员去管理占领的地方，为了争取时间，他假装表示可以把河内交还越南政府，并和越南政府举行和平谈判，而没有扩大侵略。越南政府为李维业的伪善态度所迷惑，也一意主和。

在争取到将近一年的时间后，1883年3月，法国殖民当局决定向李维业派出大批援军，以扩大对越南北圻的侵略。根据这种部署，李维业悍然出兵，攻占越南北圻的另一重镇南定，并准备伺机攻占山西和北宁。法国政府并指示李维业：已经向他派出2000援军，但在援军到达前，李维业部下仅有500多人，就只宜固守待援，不宜出击。

早在李维业攻占河内之始，刘永福就要求出战了，欲趁李维业立足未稳，一举而歼灭。却因越南政府醉心和谈，多方阻挠，被迫撤军。现在，当刘永福在保胜搞建设的时候，知道中计的越南政府，才下令黑旗军出击河内法军。于是刘永福率黑旗军全部3000人，进军到离河内约5里的怀德扎营。

但是，当刘永福和黑旗军的将领们侦察河内城的防备情况后，不觉倒抽了一口冷气，因为他们发现较之10年前的安邺，李维业对河内的防守要坚固得多了：城门上布满了排列整齐的枪炮，戒备森然的法军士兵一发现刘永福等人走近，就毫不犹豫地开枪射击，与当年安邺的极其松懈的情况不可同日而语。

回到自己的营房，召集将领们会议时，刘永福先是陷入沉思，后来就情不自禁地问诸将："这一仗怎么打？"

诸将也知道问题严重，也不敢随便发言。倒是刘永福像是已经有了答案："我军长于野战，短于攻坚，要打败法军，就需要引诱法军出城决战。但怎样才能把法军引诱出城决战呢？"

右营管带杨著恩说："我发现城郊有一座法人修建的教堂，旁边还有一座法军岗楼，这是法军城门火力达不到的，我们能否攻打这座教堂和岗楼以激怒法军，从而引诱法军出城作战？"

刘永福表示赞同地点点头："这个办法可以试试，就由前营和左右营挑选奋勇去打教堂吧。"

平时负责为刘永福起草文稿的刘文谦则提出："西洋人有决斗的习惯，只要对手发出挑战书，约好时间地点决斗，双方到时都会前去。我们能否也起草一份挑战书，约法军出城作战？"

刘永福对此也表示赞同："这个办法可以试试，就由文谦起草这份挑战书吧！"

于是，在光绪九年（1883）四月初三日（5月9日），在被法军占领的河内城的东南门上，突然被刘永福派人贴了一张告示，上面写着：

雄威大将军（此时尚未授刘永福为"三宣提督"，战后授与的）刘永福，为悬示决战事：照尔法匪，素称巨寇，为国所耻。每到人国，假称传道，实则蛊惑村愚，淫欲纵横；借名通商，实则阴谋土地；行则譬如禽兽，心则竟似虎狼。自抵越南，陷城戕官，罪难了发；占关夺税，恶不胜诛。以致民不聊生，

国几穷窘，神民共怒，天地难容。

本将军奉命讨贼，三军云集，枪炮如林，直讨尔鬼巢，扫清丑类。第国家之大事，不忍以河内而作战场，唯恐波及于商民，为此先行悬示。尔法匪既称本领，率乌合之众，与我虎旅之师在怀德府属旷野之地以作战场，两军相对，以决雌雄。倘尔畏惧不来，即宣自斩尔等统辖之首递来献纳，退还各处城池。本将军好生之德，留尔蚁虫。倘若迟疑不决，一旦兵临城下，寸草不留，祸福尤关，死生在即，尔等熟思之。切切特示。

看过这张告示的河内居民都暗暗嘀咕："10 年前袭杀侵越法军头子安邺的刘永福将军又杀来了，法军大祸临头了！"

而到了四月初九日深夜，黑旗军派出前营 200 人，左右两营各 100 人共 400 人，去攻打河内城郊的法国教堂和法军岗楼。经过一夜的激战，由于对方的顽强抵抗，黑旗军未能得手，只好撤退。

黑旗军的诱敌之计果然奏效。自从进军北圻以来，李维业仅率数百法军，却将数以千计的越南官军视为木人土偶，四处征伐。战必胜，攻必克，如入无人之境。河内、南定这样的大省重镇，都被他不费多大力气即已轻易攻取。这一连串的意外胜利，使得这个军事素养本来就不很高的李维业逐渐滋长了骄傲轻敌的情绪，很快就抛弃了那种谨顺小心的做法。认为："黑旗一军，不过中国刘某一人，号召无赖之徒，乌合之众，不值李某一击，前胜安邺，乃偶然事耳，何足为患耶！"他并把刘永福的挑战书看作是"中国式的吹牛"，怀疑是否可以在怀德的约战中找到他。李维业不相信关于黑旗军骁勇善战的情报，认为"他们实际上的炮兵只有黄佐炎驸马借给他们的不良的平滑小炮"，并且错误地认为"他们快枪少，子弹又不多"。他很恼火黑旗军的夜袭教堂，因为这使法兵丧失了体面。因此，李维业决定不再等候交趾支那总督派出增援的1000士兵到达，即接受刘永福的挑战，立即对怀德府采取军事行动。

四月十三日（5月19日），李维业率领河内法兵向怀德出击，在纸桥一带与黑旗军展开激战。

在法军出发前，黑旗军已从谍报中得知此事，马上召开军事会议，布置出击法军的行动。当时，右营管带杨著恩杀敌心切，一反黑旗军的作战惯例，在会上要求让向来当先锋的前营黄守忠部靠后出发，而让一般都在侧翼配合作战的右营充当前队先锋。刘永福看到他情绪激动，曾告诫他："和洋人作战不可急躁，过于急躁则容易造成自家的损伤！"杨著恩激动地回答："见外国侵略者猖獗而能容忍，这不是正常人能做的事，这次即使牺牲也愿意担任先锋！”领取任务归队后，杨著恩等不及做饭进餐，即率全营出发，在纸桥右侧附近设伏待敌，前军叶成林率勇接应。刘永福也命吴凤典率左营埋伏在纸桥路左为奇兵，黄守忠率前营扼守大路迎敌为正兵，自率亲兵等营随后接应。

杨若恩率右营300余人刚在纸桥设伏完毕，李维业亦率海军陆战队两连及炮兵、勤杂人员等400余人赶到对岸。法军先用炮火对黑旗军的阵地作火力侦察，富有作战经验的黑旗军将士静伏不动，法军又用望远镜细细观察后，认为确实没有敌情，才放心前进。由副司令韦医带领骑兵过桥，刚刚走到桥中，黑旗军伏兵枪炮各施，韦医和几名骑兵应声落马，法军队伍混乱起来。李维业见势不妙，赶紧从后面挤到前面指挥反击，激战开始了。由于法军装备优良，火力猛烈，多持土枪土炮、仅有少量洋枪的杨著恩部抵敌不住，只得向后退却。激战中，杨著恩先是双股中弹倒下，但仍坐在地上继续指挥作战，开枪射击敌兵。后来他的右腕又中弹骨折，不能开枪，但他咬紧牙关，改用左手开枪杀敌，直至被一颗子弹击中胸部，壮烈牺牲为止。

李维业在击溃杨著恩部后，以为黑旗军也和被他打败的许多越南军队一样，在第一次抵抗被击破后，就会溃不成军，法军只要大胆向前推进，就可以大获全胜。于是，他得意扬扬地指挥军队，大摇大摆地向前推进。这时，黑旗军各部亦已赶到设伏地点，进入阵地，等到法军走近到百米左右时，及时射出密集的枪弹。法军猝不及防，马上呈现一片混乱。

李维业立即站到法军的前列，企图平息自己士兵的慌乱情绪，但是，一颗子弹击中了他的肩头，李维业倒下去了，法军上尉连长雅关企图以自己的身子蔽护李维业，也被击毙。黄守忠率前营练勇接战，吴风典率左营练勇兜截其后，刘永福督同各员弁率勇直当其前，先前后撤的右营溃兵也回头反击，双方纷搅一起，混战一场，鏖战三时之久。前营哨长邓遇霖、谢炳安率勇将法军截为两段，右营哨长张维桢、黄青云冲出其右，我军奋勇合击，勇气百倍，无不以一当十。法军抵敌不住，溃败而走，我军大获全胜。刘永福因杨著恩战死，吴风典受伤，便没有指挥黑旗军过桥穷追，而整队凯还。事后统计，黑旗军此仗虽获全胜，但伤亡却比法军略多。黑旗军亡50，伤56，缴获枪支仅区区21支；法军则仅亡32，伤52。

横行一时的李维业的结局有两种说法：一种说法是在混战中受伤倒地，被黑旗军割取首级而亡。李健儿所撰《刘永福传》记某军卒话道："吾亲见杨快狗大哥（杨著恩绰号）枪杀李威吕。李跨马窥吾阵，见快狗大哥往来指挥，指上御钻石戒指，知为我军将领，即发枪击快狗大哥中胸。讵快狗大哥卧地垂死时，尚能忍痛，俟李骑近时，发枪击之，李中额而颠。敌人失去主帅，故此大败，此次大胜，自以快狗大哥之功最大。”另一种说法则谓李维业受伤后，被溃兵遗弃，成黑旗军的俘虏。黑旗军将他捉回怀德斩首示众，法军曾遣越官往说黄佐炎，愿以3万金赎回李维业的首级，遭到刘永福的拒绝。刘永福将李维业的首级到处示众后，装进一个漆盒里，埋在大路上，使过路人践踏，以示轻蔑与侮辱。后来，黑旗军撤离怀德，法军才去找回这个首级。

在攻取河内以后的一年多时间里，只率领数百法军的李维业俨然成了北圻的太上皇，他气焰嚣张，行动霸道，忽战忽和，随心所欲，攻城掠财，肆无忌惮，玩弄越南群臣于股掌之上，毫无信义可言。越南政府和文武官员言战言和，议论纷纷，实际上是一筹莫展，毫无办法；但在纸桥一战，敌酋授首，从而狠狠地打击了法国殖民当局的气焰，延缓北圻的沦亡，长了抗法军民的志气，真是一件大快人心的喜事，捷报传布，人人惊喜若狂。唐景崧身历其事，曾写道：”一时谅营大小将弁、华裔、越庶以及巡抚、布、按文武各官齐来致贺。”兴奋之余，唐景崧于四月十六日，动笔为刘永福起草了一封大义凛然、浩气干云的告四海檄文，文中向世人豪迈地宣称：“……永福，中国广西人也，当为中国捍蔽边疆；越南三宣副提督也，当为越南削平敌寇！”

越南政府对于第二次纸桥之战的胜利也比较重视，事后重赏了刘永福和黑旗军将士：赏刘永福升授三宣提督，赐正二品冠服，成为越南政府的高级官员；六月，越南嗣德王去世，继位的协和王在即位之始，即准封刘永福为义良男爵。黄守忠由从六品的宣慰同知升为从四品的宣慰使，领领兵官；作战受伤的吴凤典由从六品的防御同知升为从四品的宣慰副使，领副领兵官，加赏格银1000两；阵亡的杨著恩由从八品的百户，追授宣慰副使，加赠副领兵官；其余参战士兵赏钱2000缗。

第三节　从怀德到丹凤

在阵斩李维业之始，刘永福当然想一鼓作气拿下河内，消灭或驱逐北犯的法军。而逃回河内的法军残部也一度想弃城而逃，但法国殖民当局及时制止了这一行为，并通知他们，马上有大批援军开赴河内，于是河内法军镇定下来，据城而守。黑旗军缺乏攻城利器大炮，也无法进攻，只得眼巴巴地看着法军的大批援军到达，而自己反而成为法军进攻的对象。为了迎接即将到来的战斗，刘永福利用双方停战的宝贵时间，尽量筹备，添募了庞际云管带的武烈营、连美管带的武炜营、李唐管带的扒船营；请求云南、广西等方面接济饷银枪械弹药，多多少少得到一些。如向广西借枪 200 支，但迟至九月才得到。云南方面则称：曾“密济以饷银军火，并滇省所铸开花炮二十余尊”。这些炮估计是些笨重无用的土炮，作用不大。

三个月后的七月十三日（8 月 16 日），由旅长波滑将军指挥 2000 余法兵出发攻打黑旗军防守的怀德阵地。发现法军的行动后，刘永福按照黑旗军早就做好的军事部署，率领由庞际云管带的武烈营、黄守忠管带的前营、韩再勋管带的右营、吴凤典管带的左营、张慎泰管带的亲兵营进入怀德大道的阵地，另由连美管带的武炜营驻在离怀德 10 里的一处河岸。刘永福指示各营要灵活作战，彼此势难兼顾，各自为战。

法军欺负武烈营新近成军，战斗力不强，逼攻很紧。韩再勋管带的右营马上前往救援，刘永福也大呼上马，率领亲兵营从大路冲出，一齐合力打退法军的进攻。法军又进攻怀德大道的阵地，黑旗军在此筑有坚固的阵地，顽强还击，法军不能得手，只好撤退。

法军又在舰艇炮火的支持下，派出 500 名法兵进攻武炜营，武炜营奋力还击，黄守忠管带的前营赶来救援。法军因受洪水的影响，军舰炮火威力不能发挥，炮弹落入湿地中不能炸开，登陆法军的攻势受阻，只好撤退。战后，黑旗军报告阵亡 22 人，受伤 49 人。法军则统计两名军官和 10 名士兵阵亡，两名军官和 47 名士兵负伤。波滑承认，要战胜黑旗军需要法军出动一个整师的兵力才行。

接着下来的几天，都遇着大雨，双方不能交战。黑旗军因为在怀德的驻地被淹，只得撤退到 30 里外的丹凤。丹凤是一个小镇，四面环江，筑有大堤防洪。堤宽 5 尺，高 5 尺到 1 丈不等，砌石填土，战时可做临时工事。因为连日大雨，河水暴涨，法军舰艇可循江直逼河堤，而堤内洼地积水数尺，不便驻守，是个攻守皆不宜的地方。

波滑在得到援军后，亲自率领舰艇 10 余艘，士兵 2000 余人，于七月五日（8 月 31 日）再次进攻黑旗军。刘永福亲自率领由刘成良、刘文谦等管带的亲兵营埋伏在丹凤堤边，前营督带黄守忠、正前营管带黄宝珠、左营管带吴凤典的部队则埋伏在丹凤堤的正路，副前营管带邓遇霖、右营管带韩再勋的部队则埋伏在堤的右路，武炜营的部队则埋伏在高舍一路，以为策应之师。

波滑很不走运，他选择的进攻时机不当，湍急的洪水使法军舰艇炮火威力不能充分发挥，而大雨和积水又使法军兵力无法展开，勉强登陆的法兵也寸步难行，以至被黑旗军的顽强抵抗压制在堤下。就这样僵持了三天后，在付出一定的伤亡后，法军退回河内。事后统计，黑旗军阵亡正前营哨长陈英茂、何正辉，副前营哨长邓士吉、曾来福4名，勇丁42名；正前营管带黄宝珠、副前营管带邓遇霖，亲兵营帮办梁文茂、哨长刘文谦，各营勇丁98名受伤。法军则被击毙官兵20名，受伤50名。

第四节　力战山西

丹凤战后，黑旗军撤退山西。这时，刘永福发现自己从来没有遇到过的烦恼的事情多了起来。

这不，大清早，他刚起床，他的亲兵营管带刘成良就急匆匆地来报告："大帅，黄统督他们撤军了！"

刘永福闻言一惊："黄统督他们撤军了，这是怎么回事？"

刘成良说："听说是王家来了命令，不准再与法军开仗，要各地撤兵罢团，所以他们就撤离山西了。"

刘永福急了："他们怎么能说走就走呢，当初，要不是他派人到保胜请我们，我们还不会来打河内法军呢，等我去劝劝他。"

还未等到刘永福出门，刘文谦一头闯进来了："大帅，不好了，天朝官军他们撤军了！你快去看看吧！"

刘永福更急了："怎么天朝官军也要撤军了！我们快去看看吧！"

等刘永福赶到城门，云南派来的3营军队已经走了，只剩下广西派来的3营军队正准备开拔，带队的副将名叫党敏宣，与刘永福有过交集，互相熟悉，一见面，他就面带愧色地说："刘将军，对不起了，上峰有令，要我军星夜回顾北宁，来不及辞行了！"

刘永福不解地问："北宁现在那有什么紧急军情？莫非天朝官军也和黄统督他们一样，是怕了和法军开仗吧！"

党敏宣支吾："上峰的命令没说是什么原因撤军，我也不好妄测！"

刘永福长叹一声："去吧，去吧！你们都走了，难道就要我们黑旗军独守山西呀！"

等刘永福回过头来，刘成良又跑来报告一个令人丧气的消息，原来山西官员得到命令，不再负担黑旗军的粮饷了，这一下，可把刘永福震住了，原来，黑旗军给越南政府打仗，越南政府都提供粮饷，杀敌致果还有花红（奖金），现在都断绝了，这仗还怎么打啊！

所以，当唐景崧来找他商量防务时，刘永福迟迟不答，唐景崧发现情况不对，就问刘永福：“你现在作何打算？”

刘永福说：“越南王家不守山西，天朝也不守山西，你叫我黑旗军如何独守山西呢？”

这时，唐景崧提出解决目前形势的一个新思路。原来，在三月间，唐景崧曾与刘永福会晤，他向刘永福提出的第一策就是“取代越王自己为王”：“占据北圻以图南圻，事情成功则做越南王”，但刘永福怀念故国，每对人言：“宁愿做中国的千（总）把（总）（相当于连排长），不愿做越南的提（督）镇（总兵）（相当于军师长。）”而真的如唐景崧所说的当了越南国王，就背叛了中国，是刘永福不愿做的事情，所以拒绝了唐景崧。现在，唐景崧再次向刘永福提出此事：“阮氏王朝将不能继续，你如能代他而兴起，存亡继绝就是你所以能够报答故主的方式！”但又被刘永福拒绝。唐景崧只得提出第二策，要求刘永福保卫山西：“山西乃保胜之门户，足下军粮仰给该省，此处为人所据，则保胜岂能久存？世未有门户失而堂室无患者。山西不守，谁为给粮？彼以一艘横泊屯鹤，则商船不敢过保胜，税项又从何而来？故守山西即守保胜，弃山西即弃保胜。”但刘永福有些犹豫不定。

情急之下，唐景崧就去说动刘永福的得力部将、前营督带黄守忠取代刘永福来做这件事。黄守忠是刘永福最早的部下，但在入越后，脱离刘永福自己发展。刘永福建立保胜根据地后，黄守忠率千余人来归，分为前营，作战常做前锋。他虽然尊奉刘永福为首，但他所率前营的月饷由越南政府直接拨给，军械则由黄守忠自筹，不足部分补以河阳盐利，所以有着很大的独立性。于是，就有这一幕出现：“黄守忠同唐主事劝永福（守山西或代越为王），永福仍属迟疑，黄守忠拍案大叫：永福汝不敢为，我黄守忠当继起为之，永福为之色动。”这件事虽然在当时没有酿成什么重大的变故，但在强敌压境的决战前夕，黄守忠以偏裨之将欲夺刘永福主帅之权，不管是出于何种原因，都是令人难以容忍的事情。幸亏刘永福处置得当，没有追究黄守忠犯上作乱的责任，事情才和平地过去了。但却把刘永福和唐景崧、黄守忠的矛盾和分歧暴露出来，一时间，弄得军心更加动乱，唐景崧自己也承认：“自是黑旗军心一懈矣！”

唐景崧和黄守忠的逼宫行为，使得刘永福坚定了守卫山西的决定，加上清政府于九月二十二日传旨奖给黑旗军银十万两以助军饷，于是着手部署山西防务。刘永福预感到，法军来攻的兵力是层层加码，安邺是一个连，李维业是一个团，波滑是一个旅，接下来，可能就是一个师了。因此，必须好好部署，在山西给法军一次严重的打击。

山西位于保胜和河内之间，因此，刘永福在越南的十几年中，进出保胜，特别是两次进攻河内，都要从山西经过。因此，他对于山西的地理形势十分熟悉。驻军山西后，刘永福率领诸将领，细细地察看了山西的地形。

山西虽然是个省城，实际上不过中国的一个县城大小。城有4个城门，城东是河内法军的陆上来路，城北离江只有5里，便于法军从水路来攻，所以这两处被黑旗军列为防守重点，除沿江扎竹排拦江外，又在河堤架土炮以狙击法舰；从江边至城门外，则筑有多处竹栅栏以御敌。刘永福派黄守忠率前营暨吴凤典率左营驻扎东门，派连美、朱冰清率武炜正副2营扎东门外为先锋营，派韩再勋右营、胡昆山武烈营、刘荣眉七星4营并广西援军李应章1营，共7营，驻扎北门外。南门外有李唐1营和云南援军贾文贵半营，西门外有云南援军3营，唐景崧带亲兵驻内城，刘永福带亲兵驻外城，总兵力约为6000人，但军队的武器装备和将士的军事素质比不上法军。

在此期间，刘永福还向法军发出了挑战书：“越南三宣提督军务刘，致书富浪沙兵头为约战事：尔富浪沙无礼无义，天怒人怨，自与本提督交战以来，一败于纸桥，再败于怀德，三败于丹凤，折将损兵，不可悉数，尔辈各自明白，不待本提督之扬其丑也。尔辈乃无可奈何，乃往攻我顺汛，胁我君臣，勒逼议和。其条约如何，本提军一概不知，亦一概不管，惟闻有逐我黑旗军出北圻境外之语，不禁哑然失笑也。前因我将士连番苦战，暂憩山西，兼旬以来，战志各不可遏。现本提督安坐省城，待尔来逐，限自致书之日起，五日之内，尔即率大兵来省会战，以决雌雄。尔不敢来，我军即要逐尔，指日进剿，本提督一军进止独断独行，非他人所得怂恿，亦非他人所得阻挠。言出必行，决无虚假。如尔等有胆有力，即来决战，若往欺我富春，乃是下等伎俩，五尺童子亦且羞之，窃不愿损尔富浪沙之名也。此约。”

十一月十二日（12月11日），法军师长孤拔将军率领由3艘战舰、10余艘炮艇、40余只民船，运载的步兵、炮兵、海军陆战队6000多人，分两路进军，向山西逼近。十四日（12月13日），法军从北门外的河堤开始进攻，他们先用舰炮和洋枪轰击黑旗军的阵地，然后由陆军登陆进攻。但在守军的迎头痛击下，虽然有炮火的支持，法军仍寸步难行，以致最后只得停止进攻，就地布防。这时，刘永福命令黄守忠、吴凤典、朱冰清等营由东门抄入北门敌后。这支援军巧妙地利用当地的掩护物，不被对方注意地向前推进，他们的迂回动作是聪明地设计出来的：他们行进在法军及舰队中间，所以舰队不敢向他们开炮。他们从左侧攻击法军，欲将法军驱逐到一个狭窄的地带，法军在那里将无法躲闪地不断受到黑旗军工事的射击。黑旗军的这种战术使得法军十分惊慌，以致一些军官认为一切都完了，而被胁迫来的越南苦役和仆役则趁机成群地逃走了。孤拔见势不妙，慌忙调集所有的大炮到他身边，当黑旗军冲到近 300 码时，才应以成排的开花炮弹和排枪子弹，遏止了黑旗军的攻势，迫使黄守忠等后退。事后，刘永福曾怒斥黄守忠执行包抄战术不力。下午 4 时，喘过气来的法军再次发动进攻，他们在洋枪洋炮的密集火力排斥下，尽量掩蔽着前进，但仍被以竹栅栏做掩护的黑旗军的致命枪弹击中，大片大片地倒下。一位曾经参加过普法战争的军官认为他从来也没有受到这样猛烈的射击。鏖战到 5 时，法军才凭借自己优势的火力和人力，以死伤 200 名士兵、22 名军官的代价占据了河堤。

当晚，唐景崧鼓励滇军和桂军，出动去夺回河堤，战斗像日间一样激烈地进行了 4 小时，法军死伤 25 人，2 名高级军官被击毙，清军也死伤了六七十人，但始终没能夺回河堤。

第二天，刘永福将防线收缩，调全军入城布防，分守 4 门。

法军则忙于掩埋死尸，救护伤员，也没有发动进攻。

第三天黎明，法军再次发动猛烈进攻，黑旗军顽强抵抗。当法军以重大伤亡为代价，在优势炮火的掩护下冲近城边时，黑旗军又用竹筒装满炸弹掷向敌人，法军躲闪不及，大批地倒下。最后，法军丢下 60 多名死尸后退了下去。

虽然法军的攻势被打退了，但黑旗军也竭尽全力，内无饷械，外无援兵，城万难守。结果，便发生那件谜一样的事情：守城的黑旗军除留下少量的守城部队外，主力则全部撤出山西。等到法军在太阳落山后重新发动进攻时，遭到的只是掩护队伍的拼死抵抗，经过半个小时的激战后，优势的法军占领了山西城。后来，法军在打扫战场时，只找到 250 名黑旗军阵亡将士的死尸和 50 名伤员。法军的死伤总数则为 411 人。

第五节 赴援北宁

光绪十年（1884）二月初八日（3 月 5 日）。

北宁桂军正在召开作战会议，参加人员除了北宁桂军的高级将领外，还有远从兴化前来援助的刘永福和唐景崧。

原来，自黑旗军从山西撤出后，一直到十二月二十日，才在距山西 70 里的兴化聚拢，原来 5000 多人只收集得 4000 人。两个月后，云贵总督岑毓英于光绪十年（1884）正月二十六日（2 月 22 日）也到达兴化，与刘永福见面。岑毓英将剩下的黑旗军将士改编为每营 375 人的 12 小营，由滇桂两省提供饷需。刘永福也以中国抗法军队的身份，曾一度与滇军商量出兵收复山西事。

但在二月，岑毓英却派刘永福率黑旗军赴援北宁。原来，由于大量广西农民军败退入越，越南政府无法镇压，只得请求中国派兵入越追剿。中国政府应约派广西边军入越援剿，数量多达两万多人，前敌指挥部设在北宁。随着法越矛盾紧张，法军吞并全越的企图明显，北宁桂军就负担起抗法重任。由于黑旗军在山西作战时曾向北宁桂军求援，但这时，广西当局还十分歧视刘永福，背后称他为“逋逃匪犯”，所以北宁桂军对刘永福的求援十分冷淡，甚至连清政府交由广西发给黑旗军的十万赏银也迟迟不发；山西败后，黑旗军粮饷断绝，两次派人到北宁求援，北宁桂军仍然拖延，只给银 6000 两，子弹 6 万发，火药 60 坛，铅子 30 桶，火药枪 300 支，对黑旗军的帮助十分有限，明显是在敷衍塞责。因此之故，黑旗军与北宁桂军的关系并不融洽，所以不大愿意救援北宁 。但唐景崧劝刘永福:“人不救我，而我救人，此大丈夫豪杰之所为也，且能救北宁，即可盖山西之耻也！”刘永福则有到北宁一行，看看能够弄到多少饷械的想法，才勉强答应率黑旗军往援。二月初一日，刘永福和唐景崧率黑旗军 12 营从兴化启程，取道永祥、金英等地，于初五日到达北宁城外。初八日，刘永福接到广西巡抚徐延旭的指示，叫他率军出战法军，并拨银 7000 两，子弹 1 万发。刘永福和唐景崧进入北宁，与北宁桂军统领广西提督黄桂兰、道员赵沃等筹商战事，这才有他们参加北宁桂军作战会议的事情。

北宁桂军分为左右两路，右路主将是广西提督黄桂兰，他已 50 多岁了，是个身材高胖的北方大汉，在淮军中素有“能守”之名。所以，他对自己负责的防区十分自信：“我们北宁桂军有两万多人，而河内法军只有万余人，是我军的一半，所以，要真的打起来，以众敌寡，胜券在握。现在，从北宁到河内方向，我军设防远出至 60 里外，再加上楚军王藩司正率八营 4000 人来援，已出关开来，等王藩司一军到后，我军实力更强，战守更有把握，到时再商进取。”

北宁桂军左路主将是道员赵沃，是个 60 多岁的干瘦广东小老头，满脸奸诈的样子。他几天前曾率军攻打 50 里外的一个法军据点，但失败而归。所以，他主张继续攻打那个法军据点：“只要得胜，局面就打开了。”

唐景崧则认为：“河内城池坚固，法军防守严密，北宁桂军和黑旗军都缺乏大炮，没有攻城利器，须购到大炮再议此事。”

这时，坐在主位的黄桂兰向着刘永福示意：“北宁大敌当前，二位不远千里来援，急公好义，令人钦佩！”

刘永福赶紧起立回敬：“永福年来多得贵军帮扶，受惠不少，敢不效命！”

黄桂兰继续说：“刘将军曾与法军接仗，刚才也视察了本军阵地，不知可有赐教？”

刘永福答称：“法军擅长用炮，贵部大营设在北宁，但周围几座小山却未设防，这样就不能居高扼要，甚是靠不住的。法军来攻，我方无以遏制。如法军抢占各山，架炮轰击北宁，则事不可为矣！应速速挑人在各山顶起立炮垒，以补隙漏。”

黄桂兰点点头，语气有些勉强地说：“受教了，我立刻派人到各山顶修筑炮垒！只是我觉得刘将军过虑了，现在是我军攻打法军，说不定大营过几天就要挪到河内城下，这样，再在北宁设防又有何意思呢？”

刘永福赔笑道：“有备无患吧！”

黄桂兰转过话头：“中丞大人已指示拨给贵军的饷械，待会儿就可发给，刘将军就可尽快出兵了。”

刘永福答道：“只要饷械充足，不虞匮乏，永福甘当前驱！只求大人各拨足营，会同进取。”

这时，座中忽然传出一个阴冷冷的声音：“饷械是领去了，贵部可不要像山西之战那样溃败呀！”

刘永福惊讶地望着坐在对面座上的一个黑脸将军，那黑脸将军也挑衅似的鼓着眼睛瞪着他。唐景崧见状，附着刘永福的耳边低声说：“这是副将周炳林。”

黄桂兰也皮笑肉不笑地接着周炳林的话茬说：“刘将军在山西不缺饷械，但因不能并力战守，以至于败，这次可不能重蹈覆辙啊！”

刘永福霎时黑了脸，重重地坐下，气呼呼地不再说话。

唐景崧见势不妙，岔开话题说：“再说，再说！”

一场本该高兴的作战会议就这样不欢而散。过后，唐景崧对刘永福说：“他们这样对你，恐怕战时难望衷心合作，我要去谅山一趟，向中丞大人禀告此事，及时措置，免生意外！”

分歧似乎继续。黄桂兰原本要求刘永福率黑旗军千人去涌球驻守，刘永福遵命而行。但到十一日，河内法军 12000 人已经分两路开始进攻清军了。到十四日，当黑旗军在涌球挖好地营，准备作战时，突然接到黄桂兰的命令，说不守涌球了，要刘永福率黑旗军回北宁听令。十五日，刘永福率黑旗军出战，却发现北宁桂军各部在法军的攻击下，不发一枪一炮，弃甲而逃。特别是驻守涌球高山寨的桂军，也纷纷奔走，法军占领了高山寨。统领党敏宣见高山寨被夺，难以抵御，即带数百士兵，飞驰见刘永福，问如何筹策。刘永福答复："为今之计，你们火速跑回，挑千余先锋，拼死夺回此数寨，才有希望有制胜之理；若稍迟延，法兵运到开花炮，打入城去，那时可就晚了！"而黄桂兰、赵沃两主将听到法军来攻，早就乱了阵脚，慌忙率军冲出北宁城前去救援。谁知他们前脚离开北宁，原来北宁城内的越南官民就举起白旗投降法军了。

自党敏宣带军去后，刘永福就注意北宁战况，远远看见有一群人蜂拥，刘永福开始以为是党敏宣回去挑选先锋克复高山寨的人，部下看了又看说："不是，不是。是冲入北宁城的，而非冲出北宁城。"刘永福仔细看去，果然是法军进入占据北宁。原来法军抢占高山寨后，看见清军弃城逃遁，马上长驱直入，占领了北宁城。

据说，在危急时，黄桂兰、赵沃焦急，曾派人找到刘永福，答应如刘永福能赶走法军，许给奖银 3 万两。但刘永福对他们这种事缓则扣饷不发，事急则乱许重赏的做法十分不满，知道他们不是真心实意，所以婉言拒绝称："虽然重赏多金，但我部下有6000之众，每人不过才5两。如果你们能给现金，我倒可以试试。"黄桂兰、赵沃其实也是口头说说，手上实际上没有一两银子，所以只好逃跑了。

刘永福看到大势已去，就率黑旗军撤回兴化去了。

第六节 血战宣光

虽然撤出北宁已近一年了，但身处宣光外围左育的刘永福仍有一种过得窝囊透顶的感觉，因为他和黑旗军已经很久没有好好地和法军打仗了。

原来，从北宁退回兴化后，迟到七月初六日，清政府在对法宣战的同时，正式将刘永福和黑旗军收入抗法清军序列，刘永福着以提督记名，赏戴花翎，并命他统率黑旗军对法作战。八月初七日，岑毓英命刘永福率黑旗军配合滇军进攻宣光法军。

但是，从北宁败回后，广西方面就不再负担黑旗军的饷银了，黑旗军的饷银只得云南每月拨给的5000两。这笔钱只勉强够刘永福的亲兵营及左右两营士兵约2000多士兵的费用，刘永福就不再分给黄守忠的前营，只让黄守忠率所部1700余人在河阳、宣光等地自筹粮饷；并严防法军由越南奸细引到宣光，再由河阳小路袭攻保胜。黄守忠虽然在向岑毓英诉苦后，得到岑毓英每月拨给的2000两的饷银，但缺口仍很大。黄守忠急于筹到必要的粮饷，加上对越南官民中的亲法倾向不满，在率所部入据宣光城后，他严厉对待城内有亲法倾向的官员和商人，只要他们略有余资，即行勒索。亲法官员对黄守忠的做法十分不满，果然去河内勾引法军来打败黄守忠，攻占宣光。约700名法军攻占宣光后，乘胜进到馆司关驻守，对云南方向的援越军队构成威胁。刘永福和援越滇军要对法作战，第一个目标就是宣光法军。于是，当云南方向的援越军队前进时，法军就从馆司关退回宣光，与中国军队对峙。

宣光城建在一个陡峭的山坡上，山脚下就是明江。宣光城堡是一个每面300米长的正四方形，城堡前方，在一条已干涸的小河的对岸有一座塔，法军在塔上安设了一个哨所，将它作为前沿阵地，用一条炮火不能及的深战壕沟通城堡与哨所的联系。显然，这是一个易守难攻的阵地。入据宣光的法兵有600到700人。

黑旗军没有大炮，枪械也不好，滇军的武器装备也强不到哪里，而宣光法军虽然只有 600 人，但主要是据守在坚固的宣光城里，黑旗军和滇军只能围点打援，与不时外出的宣光法军或从河内来援的法军作战，其中互有胜负。

如十月初一、初二两天，黄守忠、吴凤典率黑旗军两千多人和滇军两千多人，阻击从水路来援宣光的 700 多法军，但被法军打败，法军入援宣光。后来，刘永福归咎于黄守忠作战不力，差点叫人将他抓起来。黄守忠负气退出，回营后发愤欲解甲归田，后来才向刘永福悔罪。但是，以后发生的事情证明，黄守忠的所谓“悔罪”并非真心实意的，他仍与刘永福离心离德，不肯出力作战，从而导致以后的一连串的失利。

十一月初五日，宣光法军偷袭吴凤典军，刘永福闻讯，与唐景崧等出兵救援，并约黄守忠同去，但被黄守忠拒绝。结果，作战稍有失利。十月，岑毓英命刘永福率黑旗军到左育，负责防备从水路来援宣光的法军。

这天早上，刘永福像往常一样，带着刘成良、刘文谦等几个亲兵营的士兵沿江岸巡逻。突然，刘永福发现，在阳光照射下的河面，有些东西在闪闪发光，于是对身边的士兵说：“河上漂的是什么？你们几个去看看。”

几个士兵遵命走近河边细看，发现在河面上漂浮着一些玻璃瓶，玻璃瓶身被阳光照得闪闪发光。手快的士兵将几个浮近岸边的玻璃瓶捞上来，递给刘永福。这些玻璃瓶的瓶口用火漆封固，刘永福打开一看，瓶内藏有一张字条，上面写着几行法文。刘永福虽然不懂法文，但在黑旗军中负责方案的刘文谦却多少懂点。他翻来覆去地端详了几遍，有点犹豫地对刘永福说："用这种办法送信，应该是一封求援信。"原来这正是宣光法军发出的求援信，想顺流而下漂到河内，让河内法军速来救援。虽然士兵们捞上了一些玻璃瓶，但估计未被捞上而飘到河内的玻璃瓶肯定会有不少。

刘永福心中一动："宣光法军求援，看到玻璃瓶里的求援信后，大批河内援军很快就会到来，这意味着要有大仗打了！"黑旗军将如何抵挡这些法军呢？前几个月发生的两次战斗的结果使刘永福清醒地感到：由于武器装备和军事素质等方面的差距，加上自己与黄守忠的分裂，黑旗军的战斗力大减，与法军枪炮对攻地作战很难有胜算，要战胜法军，就要设计引诱法军上当，给法军一大打击。

经过一阵思考后，刘永福带着部下四处踏看左育四周的地势，发现在左育的一座大山之下，沿河水的一面，有一个大草坡，横直数里，茅草丛生，是进入宣光的必经之路。刘永福想起一个用火攻的办法，埋炸药炸其全军。于是派人向岑毓英要来两万斤炸药，装进木箱里，埋进那个大草坡里。

刘永福在设计杀敌时，却忽略了一个问题，即他与黄守忠的矛盾已发展到了快要决裂的地步。

光绪十一年初，当河内法军打败援越桂军后，派一个4000人的旅取水路援救宣光法军，正月十六七日，在左育与约3000人的黑旗军作战。刘永福预先将部下的黑旗军分为两部，自己率领约两千人守左育，余下的千余人由黄守忠率领，在河对面的同章埋伏，准备在法军进攻刘永福，从对面袭击法军。

当法军到来时，刘永福即派出数百人出击，大战一阵，然后假装战败逃走，引诱法军进入地雷阵。法军欢天喜地，以为得胜，一拥而进，刚好站在埋药之间。忽然一声轰天大响，火药飞爆，势如崩山陷地，轰毙法军百余人。这时埋伏在一旁的黑旗军开枪射击，也枪毙百余人。本来，原先部署在对岸的黄守忠部应该前来包抄敌人，以减轻刘永福部的压力，但也因被法军阻拦而不能来。法军很快就占据了黄守忠的阵地，开炮轰击黑旗军阵地，黑旗军伤亡千余人后，终于败退。事后，有报道称法军在左育之战中，死伤将近500人。战后，刘永福曾要求追究黄守忠“不顾主将”的责任。但黄守忠得到唐景崧等人的包庇，逃过惩罚，并正式加入别的军队，与刘永福决裂。

滇军和黑旗军在宣光方向的战斗，拖住了法军的部分兵力，迫使法军从广西方向抽出一半兵力去援救宣光法军，从而为广西军队取得镇南关大捷创造了条件。战后，清政府论功颁赏，赏刘永福依博德恩巴图鲁名号，三代一品封职。回国后，清政府将刘永福安置在广东，任南澳镇总兵。

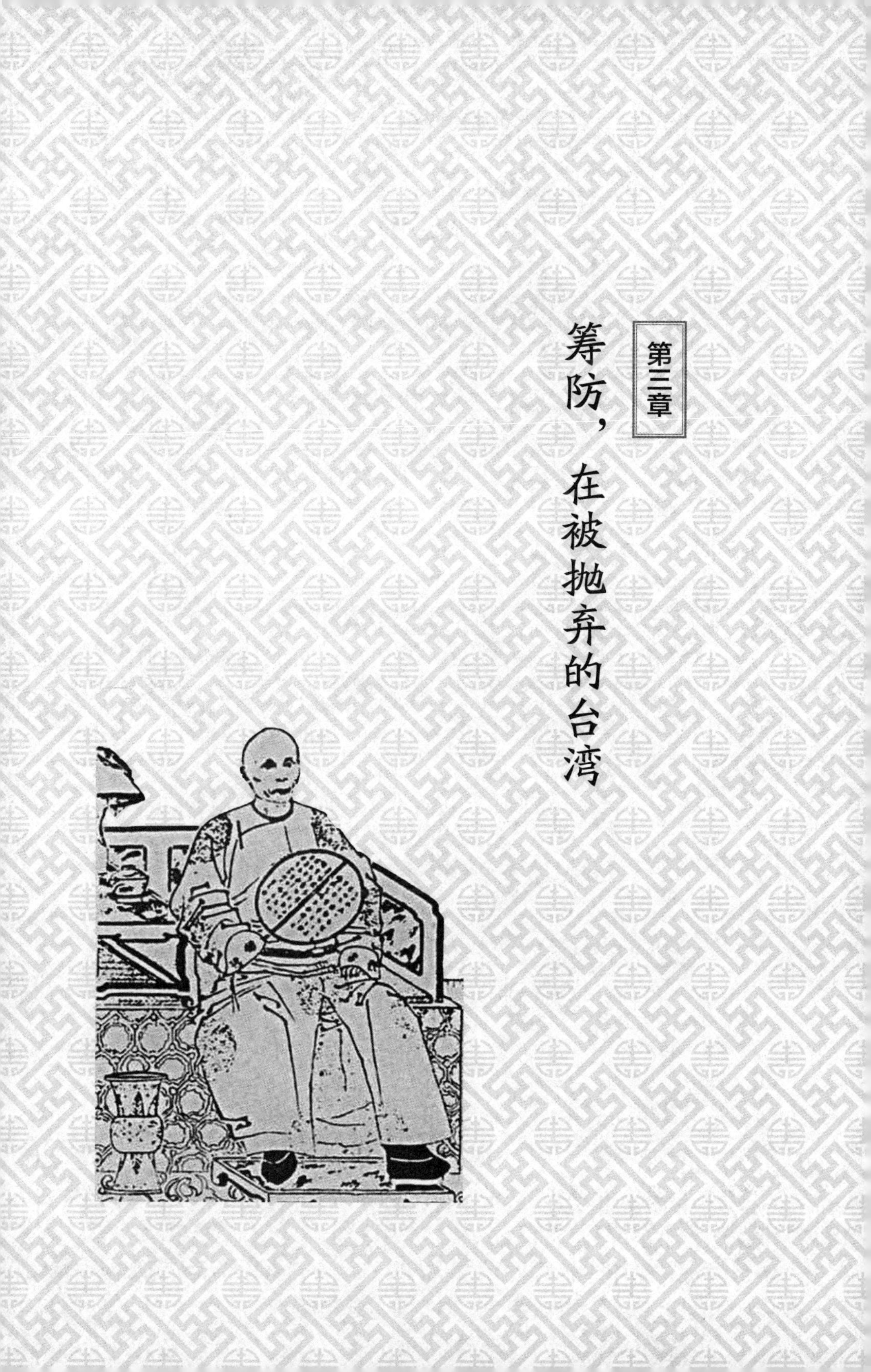

第三章

筹防，在被抛弃的台湾

第一节　台北论战

光绪二十一年（1895）三月，日本马关的春帆楼，中日两国和谈的会议室。

会议室的中间那张漆黑油亮的长方形会议桌，宽大的桌面中央摆着一张大地图。地图旁边放着一个笔架，笔架上架着一支蘸足红墨水的毛笔。这是一幅中国地图，但在标示东北一些城市以及山东的威海、台湾的澎湖等地方，却插着一些小型的日本国旗。

坐在会议桌一边的日本代表团的首席代表、外交大臣陆奥宗光伸出一只鲁莽的大手，猛地抓起毛笔，蛮横地画出一道粗大浓重的红杠，将插有日本国旗的地方与中国土地分开。红杠画到澎湖时，红笔稍作停顿，但很快就将笔锋一转把台湾岛也圈了进去。随着响起了陆奥宗光急促而激烈的日语，接着是日方翻译傲慢的声音：“日方要求中国将用红笔圈起的地方割让给日本！”

坐在会议桌一边的中国代表团中，中方首席代表、北洋大臣

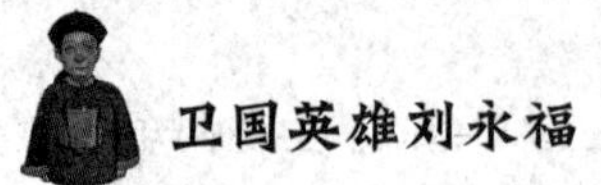

李鸿章怯生生道：“台湾全岛日兵尚未侵占，何故强要？”

这时又响起陆奥宗光急速的日语，然后又是日方翻译生硬的声音：“日方代表只要求中国代表回答，允或不允？”

李鸿章沮丧地回答：“兹事体大，尚须奏请中国朝廷圣裁，始能答复！”

台南府城外的一条小河旁，风和日丽，草木婆娑，一派热带海岛风光。

河边静静地放着一篮五颜六色的待洗衣服，年青貌美、被左邻右舍称为“台南西施”的海姑斜倚在河边的一棵槟榔树下，焦急地向着城门方向眺望，她正在等待她的未婚夫——刘永福的青年幕僚徐骧。一会儿，只见一个年纪二十二三的黑衫男子，骑着一匹高大的红马，神采飞扬，策马扬鞭，飞一般地从城里疾驰而来，来到海姑身边，这男子翻身下马。海姑高兴地迎上去，两人紧紧地拥抱在一起。徐骧，字云贤，台湾府苗栗县头份人，后移居台南屏东。从小习武，年十八举秀才，是个文武兼能的青年人。

海姑幸福地依偎在徐骧怀中，闭着眼睛轻轻地呢喃：骧哥，我好想你呀！

徐骧柔情蜜意地搂紧海姑，不停地吻着她的秀发：我也好想你呀！

两人缠绵一番后，徐骧小心翼翼地附在海姑耳边问道：“自从那天我家派媒人上你家提亲后，不知你家还有没有变卦？”

海姑娇羞满面，不由自主地把一张涨红得发烫的俏脸深深地埋进徐骧怀中，许久许久，才用梦幻般的声音说：“家里正日夜为我置办嫁妆，只等你家早日前来迎娶——”话未说完，她又羞怯地把头朝徐骧怀中直拱。

“真的！”徐骧高兴得差点蹦跳起来。“明天我恰好要随刘大帅上省城禀复公事，就便请母亲和嫂子到你家订盟，接下去是纳采、纳徵、请期，就可以迎娶了。”

听说徐骧要回台北，海姑如同被人泼了盆冷水，霎时凉了半边身子，她仰起愁云密布、泪湿的脸儿望着徐骧，微噘嘴儿说：“骧哥，我舍不得让你走——”

徐骧盯着海姑安慰说：“我也舍不得离开你！但不把这些烦人的礼节一一行完，我也没法娶你过门哪！”

海姑的眼泪还是像断了线的珍珠那样大滴大滴地落了下来，她哽咽着说：“骧哥，你可要早去早回，别让我把眼睛望穿了。”

徐骧情深款款地说：“我一定早回，我一定早回——”

台北府领淡水、新竹、宜兰三县及基隆、南雅两厅，淡水县附郭台湾省城台北府。现在，在淡水县旧县署宽敞的后院，靠着围墙四旁东一丛西一丛地栽种着绿叶肥大的芭蕉和枝叶摇曳的翠竹。年近六十的刘永福，身材高瘦而筋骨强健，正穿着一身练功的紧身打扮站在院子中间，一面利索地立桩做预备式，一面对站在门廊拿着一叠禀稿翻看的亲信幕僚吴彭年说，季钱，再细细校阅一遍，待会我上院就呈给唐中丞。

光绪二十年（1894）七月，中日战争爆发，刘永福奉旨帮办台湾防务。当时，清政府设置的指挥某一军事行动的临时职务分为三种：督办，相当于我们今天所说的前敌总指挥；帮办，相当于前敌副总指挥；还有一种是介于二者之间的会办，地位较帮办高，但又较督办稍低，一般是由有相当高的政治地位，却没有实权的官员担任，相当于今天所说的政委。刘永福早在去年就渡海到达台湾，但时任台湾巡抚的邵友濂不看重他，命他到台南筹防，不让他过问全台的军事，以致他无法施展才能。直到原任台湾布政使的唐景崧代替邵友濂署理台湾巡抚，二人有旧，刘永福才被召到省城台北商议台湾防务，下榻在淡水县的旧县署。

“误不了事！”三十多岁的吴彭年是浙江余姚人，十八岁即为诸生，有个候补知县的功名在身，后流寓广州，被刘永福聘请办理文案，并随同来台湾。听到刘永福的问话，他将眼光从禀稿上移开，抬起头来望着刘永福说：“你呀，快六十岁的人了，从台南坐了一

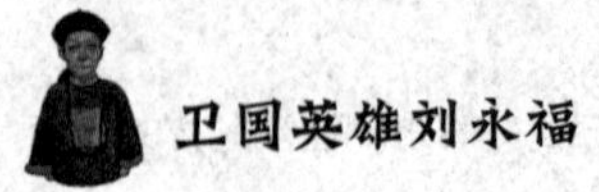

天的船才到省城，也不好好地歇歇，还要练功，当心累着了。”

“没事，”刘永福答道，“俗话说，曲不离口，拳不离手，我们当武将的，靠的就是这身筋骨。在船上憋闷了一天，再不活动一下筋骨，才真是浑身不自在呢——”说着就施展开身手。

这时，徐骧兴冲冲地从外面走过来。

刘永福停手问道：“云贤，你有事？”对于这个生气勃勃的年轻人，刘永福是满心欢喜。

徐骧有点不好意思地说：“大帅，学生想告几天假，回家里看看——”

刘永福笑了；“怎么，想家啦？”

吴彭年从一旁插嘴：“啊，我明白了，你一定是想回家和父母商量婚事，好早日把那个台南西施娶回家，是不是？”

徐骧窘得涨红着脸，低下了头，只是一味傻笑。

刘永福走近徐骧身边，亲切地拍了拍他的肩膀：“男大当婚，女大当嫁，你怕什么羞呢！好，我准你的假，回家去好好地把喜事办了，只是到了迎娶的那天，可别忘了请我喝一杯喜酒哇！”说完，又回过头来吩咐吴彭年：“季钱，到时代我备办一份厚礼送给云贤。”

“好咧！”吴彭年高兴地应道。

台北，巡抚官署后门。

门前停着几辆装满书籍的马车，几个书坊伙计以及巡抚官署仆役正七手八脚地把一沓沓还散发着油墨香气的新书搬进官署门口，直朝巡抚官署的内书房走去。

在巡抚官署的内书房。

便装打扮的新任督办台湾防务、署理台湾巡抚唐景崧、会办台湾防务的福建水师提督杨岐珍，以及唐景崧的亲信幕僚丘逢甲[①]，正在津津有味地翻看刚送进来的新书，书的封面用楷书大字印着作者名字和书名：“唐景崧撰《请缨日记》。”

丘逢甲字仙根，祖籍广东，但生在台湾的苗栗县。自幼饱读读书，满腹经纶。曾于二十多岁时应试考中进士，授职候补兵部主事，但久未得职。他没有留在京师，而是回到台湾。唐景崧任官台湾后，慕名聘请他办理文案，是唐景崧处理政事的得力助手。他一边翻着书，一边嘴里啧啧有声地对唐景崧说：“老师的这部新著，体裁恢宏，博大精深，思虑缜密，文字典雅，实为当代难得的一部兵书！”

杨岐珍，字西园，为淮军将领。中法战争时保守镇海有功，先后升任尚书衔福建水师提督。中日战起，朝廷调他到台湾会办军事。但他年近六十，哮喘病缠身，面呈病容。这时也颤抖着掺

① 丘逢甲，清时因雍正帝的避讳孔子的诏书，此时称“邱逢甲”。

杂白发的脑袋，喘着气附和丘逢甲道：“中丞大人文武双全，难怪报界在您履新之日，都称赞您是以名臣而兼名将，从这部新著来看，果然是名不虚传。朝廷命大人督办台防，实在是台民之福！如果日兵敢来窜犯，大人定能率领将士杀他个落花流水！”

唐景崧，中法战争时上书请缨入越助刘永福抗法有功，先升任台湾布政使，后署理台湾巡抚。他也年近六十，养尊处优已久，面团团的一脸福气，这时谦逊地答道：“这部书记述的都是本院十年前上书请缨，入越抗法的旧事，当时正是年富力强、意气风发的年纪，所以冒险犯难，出生入死，全然不当回事。如今马齿徒长，年力渐衰，已没了当年的雄心壮志，威风不再了。这次中日开战，日兵来势汹汹，前敌各军被打得损兵折将，丢城失地，形势凶险。如果日兵真的敢来侵犯台岛，还得依靠你我上下一心，文武协调，特别是仙根贤弟等年青一辈的出力才是！”

丘逢甲意气昂扬地说：“学生一定紧随老师鞍前马后，共赴国难，杀敌立功，保卫桑梓！”

一个亲兵匆匆地闯进来报告：“大人，刘帮办刘军门来拜。”

唐景崧十分高兴，赶紧吩咐：“快请来相见！”

不一会儿，全身戎装打扮的刘永福便被亲兵领了进门。一见端坐在上的唐景崧、杨岐珍，刘永福就用力地拂着两只马蹄袖，躬身而下，要行下属参见上司的大礼，唐景崧见状赶快地站起身，张开双手拦住道：“免了，免了！你我兄弟情深，又不是在公堂上相见，何必如此拘礼！”

一旁的杨岐珍也迫不及待地迎上来，紧紧地握住刘永福的双手：“渊亭老弟，总算把你盼来了。自打从上谕得知老弟被朝廷派来帮办台防，老哥哥就盼着与老弟相会，好好商议全台的军事部署。可是邵前抚一下就打发你去台南，老哥俩连见面说话的机会都捞不上，我心中不知如何懊恼，今天老哥俩总算见面了！”

这时，满怀钦慕之情的丘逢甲也过来与刘永福见礼，唐景崧不无得意地介绍：“这是本院在海东书院的得意门生、兵部主事丘仙根，现今在本院幕中帮忙！”

刘永福连忙还礼：“久仰，久仰！”

待到各人重分宾主坐定后，唐景崧从桌上拿起一本《请缨日记》对刘永福说：“渊亭军门来得正好，本院刚刚印行了一本新书，写的是当年请缨入越抗法的往事，内中记叙你我交往的事情甚多，你拿去看看。”

刘永福虔诚地双手接过书：“中丞大人所赐，定当细细拜读。”

丘逢甲翻开书，一边看，一边摇头晃脑地说：“老师当年上书请缨，万里入越，助刘抗法，斩将搴旗，血战法虏，这是何等的壮举！而初见说刘的那段说辞，议论风发，鞭辟入里，振聋发聩，痛快淋漓，诚为绝妙的文章，刘将军你说是不是？”

刘永福回忆往事，也动情地说：“永福当年寄身异国，外受法军逼胁，内被越官猜忌，饷匮械乏，援应全无，正在左右为难、进退失据的时节，幸得中丞大人及时前来指点迷津，代为筹谋，遂得恢复士气，昂扬斗志，一战功成。从此绝地逢生，局面渐阔。至今想来，永福之所以得有今天，全是拜中丞大人之赐。”

众人为之动容，唏嘘不已。

唐景崧却在得意之余，微嗔着埋怨刘永福：“当日渊亭军门如能听从本院的劝告，代越为王，号令全越军民，共抗法寇，今日的勋业当不止此！”

刘永福惶恐地摇摇头，嘿然一笑：“中丞大人又说笑话了，永福何德何能，敢有帝王之想？再说当年去国日久，思家心切，宁愿回国当个千总把总，也胜似在越南为提镇大员，只要能够返回故国，重做中国人民，永福可以舍弃在越南的一切！”

杨岐珍和丘逢甲在一旁边听边点头。

刘永福接着说：“永福这次奉旨帮办台防，得在中丞大人麾下，倒想披坚执锐，亲赴前敌，率领全台健儿，力敌倭寇，以报朝廷提拔厚恩！”

唐景崧定睛看着刘永福："你这次上省商议防务，不知有何见教？"

刘永福从袋中拿出早就准备好的说帖，一边翻阅一边说道："台湾形势，澎湖列岛孤悬海中，兵微将寡，虽为台湾门户，但防守困难；台东乃山地，道路崎岖，行走艰难，进攻不易。台南开辟虽久，且有安平港口，但每年五月至九月，海面浪涌特大，翻船覆舟，海舰难以停泊。当年倭寇取道台南登陆，最终败北，至今视台南海道为禁路。台北为省府，中丞藩臬驻地，精兵良将，粮饷军械，尽萃于此；富商大贾，煤糖盐渔，富甲全省。且有基隆良港，四通八达，沟通内地，往来便利。当年法寇攻台，就先从海路攻打基隆入手。所以全台精华在于台北，得台北者得全台，全台防御，以台北为重，台南次之。故守台之策，以守台北为关键。如果日后倭寇犯台，必将先犯台北。永福奉旨帮办台防，理应兼顾全台，据台北以令全台。而不宜局促于台南一隅，自缚手脚，无以着力。何况台湾镇道驻守台南已久，可以筹办。所以，恳请将永福调至台北，共商防守大计。"

"说得好，说得好！"杨岐珍鼓掌叫道，"如今形势紧急，正宜同心合力，据台北以令全台，挽回危局！"

丘逢甲也附和道："将军此言，正是在下心中所想，得将军大才到省城襄助，全台防务无忧了。”说完，他望着唐景崧说：“只不知中丞大人意下如何？”

唐景崧闻言，沉吟道：“只是渊亭出守台南，乃邵前抚所定，且奏准朝廷，蓦然改易，还得细细思量。”

刘永福急了：“中丞大人办理民政各务，日不暇顾，其军政事宜千头万绪，如丝之乱，我意过来相帮，以尽微力尤为妥善！”

唐景崧脸色微变：“你这话怎讲，莫非是说老夫不懂军事？”

刘永福摇手：“中丞大人过责了，大敌当前，军政事宜处理不易，永福只想助大人一臂之力，共赴艰难！”

正谈话间，唐景崧的另一亲信幕僚、三十多岁的刑部主事俞明震面如死灰，气急败坏地拿着一份电报闯了进来，“大人，大事不好，彭湖失陷了！”

台湾的外岛澎湖列岛以澎湖、白沙及渔翁三岛为最大。各岛之间环围着一个几乎每处都是深达 20~30 米的港湾。而被包围在澎湖本岛内的马公港，更是一个水深面广的天然港湾。中法战争时曾被法军侵占，并据以为质，向中国索偿。战后，台湾当局在马公依山凭海造城垣，将澎湖镇总兵及澎湖厅通判的官衙都建在这里。

和面积大约 3.6 万平方公里的台湾本岛相比，面积只有 120 余平方公里的澎湖列岛就是一个小角色，但它处于内地和台湾之间，西至厦门、金门约 400 里，东抵台南约 100 里，与台湾西部海岸的北港仅隔一条约 30 多海里的“澎湖水道”。从内地到台湾，至澎湖时已得三分之二路程，因而战略地位十分重要。明末，荷兰殖民者在入侵台湾前，已多次侵扰澎湖；郑成功也是先驻兵澎湖，再进军收复台湾；清政府统一台湾，则是先在澎湖与郑兵主力决战，得胜后，台湾郑氏政权就不战而降。中日战争时，澎湖设总兵一员，士兵 10 营 5000 人守卫。现在却轻易地被日军攻取，对台湾的震动太大了。

唐景崧闻言大惊失色，手中拿着的书本也掉到地下，嘴唇抖动地问：“日军来得这样快，驻守澎湖的周军门、朱知府、陈通判他们怎样啦？”

俞明震有气无力地念着电报：“周军门和陈通判下落不明，朱知府带兵迎敌受伤，守军群龙无首，或逃或降，日军已占据岛上大部分地方，快要逼近电报局了——”

杨岐珍霍地站起来，神色紧张地向唐景崧拱手揖别：“军情紧急，老夫要赶回基隆坐镇，以免疏失。”

刘永福也跟着站起来，走到杨岐珍身边：“永福愿随杨军门共赴前敌！”

唐景崧颓然地对二人挥挥手：“去吧，去吧！”

第二节　基隆警敌

一辆从台北北行的旧式火车头喷着浓烟，沿着通往基隆的铁路疾驶，通过一扇扇车厢窗口，可以看到车厢里坐满了盔甲鲜明、荷枪实弹的清兵清将。

一队脸色严峻、全副武装、高度戒备的清兵清将，严密地守护着一节较为高级的车厢。车厢里，戎装披挂的杨岐珍和刘永福相对而坐。

车厢外不断掠过沿途山地树屋等景物，轰隆轰隆的车轮响声给人带来一种肃杀压抑的感觉。

杨岐珍鼻子抽搐，呼呼地喘了一会儿气，好容易喘定了，才神色凝重地注视着刘永福："老弟呀，你知道这半年多来老哥是如何惦着你呀！"

刘永福感到突兀，望着杨岐珍没有作声。

杨岐珍说："真人面前不说假话，实不相瞒，老哥哥的这身

功名全是依靠剿灭内地乱民土寇得来的，至于如何与洋兵作战，老哥哥可是毫无把握。而老弟在越南与法军真刀真枪地血拼过，经验丰富，所以一直盼着能与老弟见面，共商全台防务！”

刘永福诧异了：“老将军当年不是曾在镇海与法军交过锋吗？”

杨岐珍苦笑：“当日老哥哥奉命驻防镇海金鸡山南岸炮台，只是远远地朝法舰开过几炮，还不知打中了没有，连法军官兵是什么样子，如何打仗也闹不清楚，不过是徒得虚名罢了。听说这次的日军更加厉害，连李中堂的淮练精兵，吴中丞的久练湘军都被打得损兵折将，溃不成军。水师丁雨亭军门不但损毁定远、镇远等巨舰，连失旅顺、威海等海军要隘，最后连北洋水师也全军覆没。朝廷没法，只得连连派使向日本乞和，连李中堂都屈尊前往。要是日本真的来攻台北，老哥哥不知能否抵挡得住？”

刘永福不以为然：“老将军过虑了！日兵也不是三头六臂的天兵天将，怕他什么！当年的侵越法军不是也号称西洋劲旅吗？在越南北圻攻城略地，气焰嚣张，越南官军损兵折将，莫撄其锋。永福照样斩其上将，灭其威风，延缓越南的沦亡。俗话说，狭路相逢勇者胜，只要你我不负朝廷之托，誓死捍御疆土，纵使日军有天大的本事，也要和他拼个你死我活！”

“唉！”杨岐珍重重地叹了口气，“老哥哥老朽了，加上近年来疾病身，处理事情总觉得力不从心，如能得老弟在身边协助，战守方有把握。当初邵前抚让你驻防台南，老哥哥心中不知如何懊丧，但不在其位，不谋其政，也作声不得。这次老弟如能来台北，真应该好好帮助老哥哥整顿基沪防务才成！”

刘永福连连点头：“永福愿意尽力！”

杨岐珍又叹了口气：“只不知唐中丞会不会让老弟留在台北呢？不要又像邵前抚——”

听到这里，刘永福有所触动，脸上不觉显出一副迷茫的神色。

基隆位于台湾北部的顶端，是一个天然的良港，可容巨舶轮船的碇泊，而且到处蕴藏着优质的煤炭。明末，西班牙和荷兰的殖民者都曾占领过基隆。第二次鸦片战争后，基隆被开辟为通道口岸。中法战争时，法国海军攻打台湾，第一个目标就是基隆。战后，台湾当局把基隆视为台湾防务的第一重点。在基隆港口原有炮台的基础上，增修了新的炮台，安装从国外进口的先进大口径巨炮，加强了基隆的防务。

基隆炮台，旌旗猎猎，壁垒森严。

从炮台上外望去，天高云淡，晴空万里，广阔浩荡的海面一览无遗。在那若隐若现的海平面上，三艘挂着日本旗的军舰排成品字形，气势汹汹从远海向基隆港驶来。

“日舰来了！”随着瞭望哨兵的大声通报，整个基隆炮台顿时骚动起来，炮手们像惊了巢的蜜蜂一样，忙着搬运弹药，装填炮弹，紧张瞄准，而更多的士兵则挤在堞墙上，好奇地瞪着轮廓越显越大、越来越清晰的日舰，就像是看着一些从未见过的怪物。

一个哨弁模样的下级军官，手执一支小令旗站在一门大炮旁边，眼睛却一眨不眨地紧紧盯住在炮台中间一座小屋的门口。

在小屋里面，基隆炮台守将杨泗洪额上沁着汗水，手拿电话在大声嚷嚷：“日舰来了，打还是不打？什么，杨大人不在，你做不了主。让我们自己拿主意！那我就下令开炮打了！”

这时,门外传来了杨岐珍威严的声音:“杨将军,乱嚷嚷什么？”

杨泗洪连忙撂下电话,三步并作两步地冲出门口,只见杨岐珍、刘永福及一群随员亲兵站在外面。杨泗洪不由得咧嘴一笑，他一面向杨岐珍行礼，一边如释重负地说：“大人来得正好！”

“这是我帐下的得力爱将记名提督杨泗洪，字锡九，老哥哥冲锋陷阵，杀敌制胜全靠他打头阵！”杨岐珍语气充满喜爱地向刘永福介绍。又招呼杨泗洪：“锡九，快来见过刘帮办刘大人。”

杨泗洪惊喜地问：“就是大人常说的那个在越南率领黑旗军抗法的刘大人？”

杨岐珍点头："正是，正是！"

杨泗洪高兴地上前对刘永福行起参谒大礼："卑将叩见大人！"

杨岐珍笑着对刘永福说："老弟呀，今天这一仗就看你的了。"

刘永福沉着地点点头，随后走上炮台，举起胸前的望远镜向外望去。镜框套住越驶越近的日本军舰。只见在打头的一艘日舰的甲板上，黑黝黝的舰首大炮已卸去炮衣，高仰的炮口对准了基隆炮台，一个手执指挥旗的日本军官，正举着望远镜向炮台窥视，望远镜下依稀可见他那一脸狰狞的横肉，以及咬牙切齿的凶狠样子。

"老子正愁没处找你，你却自己送上门来了！"刘永福轻蔑地小声骂着。他放下望远镜，走到一门已装上炮弹的大炮前面，推开炮手，自己上去熟练地操纵大炮，瞄准日舰。在这一连串动作的中间，他还不忘回过头来惬意地对杨岐珍、杨泗洪等人说："自从越南回国后，十年来都没有再和洋兵面对面地打过仗了，今天可要好好地过把瘾，打他个下马威。"

轰隆一声，一颗炮弹从刘永福操纵的大炮飞出，带着呼啸声扑向日舰，落在舰首甲板上爆炸了。杨岐珍、杨泗洪等举起望远镜望去，镜框里的日舰舰艏甲板被炸开了一个大洞，原来神气活现的日本军官已经不见了，在他站立的地方留下了一摊污血，几个日本水兵哇哇乱叫着惊慌逃窜。

“打得好！打得好！”杨泗洪情不自禁地向刘永福伸了伸大拇指。

“再赏他一炮！”刘永福又低头瞄准。

杨泗洪也不失时机地向炮台守军下达命令：“向日舰开炮！”

一时间，炮台上的十余门大炮同时向日舰开火，雨点般的炮弹纷纷落在日舰及其周围的海面上，引来一阵阵爆炸和激起道道巨大的水柱。疾驶着的三艘日舰减慢了速度，最后干脆停了下来，忙乱地向基隆炮台回击了几炮，就慌慌张张地掉头逃走了。

“日舰被打跑了！日舰被打跑了！”炮台上响起了将士们的一片欢呼声。

“老弟还是宝刀不老哇！”杨岐珍压抑不住满心的喜悦称赞刘永福。

基隆炮台后面有一块平坦的开阔地，这是守军的营地，棚帐连接，鼓角相闻。

杨岐珍、刘永福一行走近营门。

杨岐珍指点着警戒严密的军营，高耸坚固的营墙，向刘永福征询道：“老弟，以老哥哥这样的布防，你看和洋兵作战是否有把握？”

刘永福放眼望去，只见军营内以营为单位，每营筑一座营房，营墙高八尺，宽三尺，建筑坚实，墙垛上站着一排排持枪操炮、戒备森严的将士，营墙外还挖着一道深深的壕沟。看了一会儿，刘永福不禁皱起了眉头，回过头来对杨岐珍说："恕永福直言，似老将军这样布防，实难抵御洋兵！"

杨岐珍一下变了脸色："此话怎讲？"

刘永福对着营房比画道："永福从前在越南与法军作战，深知洋兵打仗，专靠洋枪洋炮取胜，每次接仗，洋兵都先以洋炮狂轰滥炸，摧毁我军营垒，杀伤我军将士，得手后，始以步队列阵冲锋，抢夺我军阵地。因此，要抵御洋兵，首先要讲究避炮之法。"

"何谓避炮之法？"

刘永福说："洋兵发炮，先要瞄准靶的，似老将军部下的营垒如此高耸，恰成敌炮的绝好靶子，接仗时齐炮轰来，无不墙倒壁坍，将士伤亡，再也无力抵御其步队冲锋。所以，要与洋兵作战，还须辅以地营避炮——"

杨岐珍忍不住插话："挖地营避炮我倒是听说过，只不知如何挖法？"

刘永福跳下马，用脚来回地量度着地面，然后吩咐亲兵："去找把铁锹来！"

亲兵很快就把铁锹找来，刘永福朝掌心吐着口水，搓搓双手，接过铁锹就在地上挖起来，嘴里还不停地解释：“从这里开一个垛口，往下深挖四尺，再从地下挖一条宽六尺、深五尺的坑道，曲折成形，坑道中每隔六尺开一个垛口以供将士出入。”

杨泗洪等将官士卒看到刘永福亲自动手挖地，大为感动，也各自找来铁锹，学着刘永福的样子挖起来。很快，整个营地就一片人声喧哗，尘土飞扬。

趁着刘永福挺身子擦汗歇气的机会，一直站在旁边的杨岐珍对他说：“还是老弟有办法，赶明儿还要烦劳老弟到沪尾跑一趟，把那里的防务也整顿一下。”

第三节　嫌隙渐生

台南府城，徐骧的住处。

徐骧犹如一只热锅上的蚂蚁，在大厅上一会儿坐下，一会儿又站起来。他绷着脸，心事重重地搓着双手走来走去，时不时翘首朝着大门焦急地张望。

一个仆人嬉笑着跑进大厅报告：“少爷，老夫人和大少奶奶回来了。”

徐骧脸上的愁容顿消，喜滋滋地迎上去。

大门外，刚刚走下轿子的徐母和徐嫂满脸喜气，已由丫鬟搀扶着踏上门前的台阶。

“母亲，嫂嫂！”徐骧亲热地叫着，也挤上前帮忙搀扶着徐母，慢步走到大厅中的一张椅子坐下。

“母亲、嫂嫂去了一整天，累了吧？”徐骧从仆人手中接过一杯新沏的热茶奉给徐母。看到徐母惬意地喝了一口茶后，他忍不住讷讷地问：“母亲、嫂嫂，你们怎么去了这么久，把我都快急死了，不知亲事商量得如何？”

徐母却不理会儿子的埋怨，自顾自高兴地说：“亲家也太客气了，收下了我们送去的定亲首饰和糕饼后，还强要留下我们吃了席再走，这样一来一去的，就花了差不多一天了。”

“那亲事算是铁定的啦？”徐骧急着问。

提起此事，徐母马上笑得合不拢嘴：“当然是铁定了！”

一旁的徐嫂趁机逗趣小叔子：“好一个俊俏懂事的海姑，犹如天仙下凡一般，叔叔真好福气！”

徐骧被取笑得低下了头，但心里却感到像喝了蜜糖一样甜蜜。

这时，徐母像想起什么，吩咐徐嫂："家嫂，快去把那对金簪拿来！"

徐嫂答应着走进内室，不一会儿，就捧着一个精致的盒子出来，双手递给徐母。徐母把盒子放在桌上，小心地打开盒盖，里面一幅丝绒垫子放着一对金光闪闪的龙凤金簪，两枝金簪中间用一条红丝绳连在一起。徐母轻轻地拿出金簪，一边细细端详，一边对徐骧说："这是家里给你行纳采礼准备的，我这次已与亲家定好了日子，到时再备办猪羊糕饼糖品鲜花老酒，请媒人坐轿鼓吹，将金簪一起送给女家，接下去是完聘、请期，就可以迎亲了。"

徐骧聚精会神地听着，有点羞怯地咧嘴笑了。

台北省城，丘逢甲家中。

在素雅的书房里，身穿家常便服、光头跣足的丘逢甲激愤地伏案挥笔奋书。一行行笔酣墨浓的文字写满了桌上摊开的几张白纸。

浑身猎装打扮的吴汤兴不待下人通报，就兴冲冲地闯了进来，肩上的猎枪上还晃动着几只刚被猎得的野兔、山鸡。两人一见面，他就大咧咧地对丘逢甲说："仙根表哥，我今天手气好，猎得许多野物，可要和你好好地喝上几杯！"说着，他从猎枪上取下猎物，炫耀似的在逢甲面前晃了晃，就转手交给了跟随而来的丘家仆人。

吴汤兴字绍文，台中府铜锣湾人，是丘逢甲的表弟。他学文习武，以义侠闻里中，也是个性情中人。

丘逢甲的思路被打断了，他很不情愿地搁下手中的毛笔，仰起一张因过度焦虑而显得有些憔悴的脸，有点疑惑不解地望着吴汤兴："绍文表弟，你今天的兴致好高哇！"

吴汤兴似乎没有注意到丘逢甲的表情，他熟不拘礼地随手拉过一张椅子，就在丘逢甲的对面坐下。依然兴致勃勃地说："云贤表弟快要娶亲了，派人来请我俩过去帮忙操持喜事呢！"

丘逢甲却并不像吴汤兴想象的那样高兴，只见他伸手使劲地捶了捶胸，然后长长地吐一口气，似乎要清除胸中的烦闷："云贤表弟这门亲事办得可不是时候。"停顿了一下，他对似乎有点惊愕的吴汤兴悲痛地说："听说了吧，朝廷要把台湾割让给日本了！"

这句话像一阵风似的扫光了吴汤兴脸上的喜气，他心情沉重地说："这个消息我也听说了，想不到隔了二百多年后，红毛鬼强占台湾的惨剧会重现于今天，有马晴信[①]、村山等安[②]、西乡从道[③]的子孙们终于可以占有台湾了。"

丘逢甲热泪盈眶地说："只要条约还没有签字，就还有一分

①②③ 有马晴信、村山等安、西乡从道均为历史上侵略中国领土台湾的日本侵者。

争回的希望，你看，我正在起草折稿，上奏朝廷谏止割台呢！”说着，他站起身子，拿起桌上已写好的文稿悲愤地诵读：“和议割台，全台震骇，自闻警以来，台民慨输饷械，不顾身家，无负朝廷，朝廷何忍弃之？全台非澎湖之比，何至不能一战？臣等桑梓之地，义与存亡。愿与抚臣誓死守御。设战而不胜，请俟臣等死后再言割地，皇上亦可以上对祖宗，下对百姓。如果日军来扰台湾，台民惟有开仗，谨率全台绅民痛哭上陈！”

听着丘逢甲的念诵，吴汤兴不觉已经泪流满面，等丘逢甲念完，二人抱头痛哭。

哭了一会儿，吴汤兴揩干眼泪，指着桌上的文稿问：“仙根表哥，如果日军来扰，台民惟有开仗，不知唐抚台对于战事是否有把握？”

丘逢甲闻言沉吟道：“唐抚台于十年前曾上书请缨，入越抗法，应该是个有胆有识的血性汉子，故署理台抚兼督办台防的朝命甫下，内外皆以为得人之庆。不过，据我在一旁冷眼看来，他养尊处优已久，志气不免消磨，不知还有没有昔日的雄风，耐得住时局的艰辛和战事的血腥！”

“那杨会办杨老将军呢？他是福建陆路提督，于情于理，他也应该保护全台的安全哪！”

丘逢甲摇摇头：“杨老将军虽是行伍出身，曾于枪林弹雨中博取功名，但现今疾病身，老景颓唐，恐怕不宜亲冒矢石，上阵杀敌了。责以全台安全，恐难承担。”

吴汤兴感到沮丧：“这个不行，那个也不行，那台湾还能指望谁呢？”

“还有刘帮办刘军门！”

丘逢甲像突然间想到，兴奋地说。

“哪个刘军门？”吴汤兴问。

丘逢甲说：“就是十年前与唐抚台一起在越南抗法的黑旗军首领刘永福啊！你还记得吗？当时我们还在读书，老师给我们读过他的抗法檄文：永福，中国广西人也，当为中国捍蔽边疆！越南三宣提督也，当为越南削平敌寇。激动得我们热血翻滚，恨不得投入他麾下作战！”

吴汤兴也高兴了：“难道刘军门也在台湾？”

丘逢甲说：“我也是前不久才知道此事。原来，刘军门从越南回国后，被朝廷任为闽粤南澳总镇，去岁中日起衅，即被朝廷派为帮办台湾防务。可惜却不被邵前抚看重，刚一上岛即被打发往台南，以至省城内外，几乎无人知道有个刘帮办！直到邵抚内调，唐抚署任，才召刘军门到省城述职。所以，不要说你们这些平民百姓不知道，连我也是在半个月前才得见过他一面，却又匆匆忙忙随杨老将军前赴基隆筹防，据说，他还亲自开炮打跑了来犯的日舰呢！”

吴汤兴激动起来：“有了刘军门，台湾就有救了！台湾百姓就有救了！”

丘逢甲点头：“刘军门忠肝义胆，豪气干云，听他议论，的确有与强敌决战的雄心，只是——”说到这里，他犹豫地停顿下来。

“只是什么？”吴汤兴急着问。

丘逢甲皱着眉头，吃力地理清思路：“只是我担心唐抚台对于刘军门并不完全信用，到时不能上下一心，文武协调，台湾就危险了！”

“何以见得唐抚台不能信用刘军门？”

丘逢甲从桌上拿起一本书递给吴汤兴：“这是唐抚台的新著《请缨日记》，这几天我细细翻阅一遍，发现二人在越南时已是貌合神离，不甚融洽。尤其是刘军门拒绝代越为王后，唐抚台即暗中与他反目，背地里没少指斥和掣肘，甚至挑动他的部下黄守忠与他分裂。现今大敌当前，只盼二人能以台湾的安危大局为重，捐弃前嫌，携手同心，共商抗日保台大计，这才是台民之福呢！”

吴汤兴闻言愕然：“将相不和，这如何是好？”

丘逢甲：“到时我再努力，看看能否弥合一二。”

吴汤兴慷慨道：“只要刘军门肯战，我这一腔热血，也就交给他了。”说完，他拿过桌上的纸笔，边吟边写：“闻道神龙片甲残，海天北望泪潸潸。书生杀敌浑无事，要与倭儿战一番！”

丘逢甲也拿过一张白纸，悲愤地把右手的中指伸进口中用力一咬，然后以血淋淋的手指为笔，在另外一张文稿上写下四个血字：“拒倭守土”。

第四节　唐抚后路

台北省城。巡抚官署后门。

入夜，没有路灯的街道显得十分黑暗，四周寂无人声，完全没有白天那种热闹景象。但是，在黑暗中，有一个黑影子蹑手蹑脚藏头缩脑地等在官署后门门外。

只听到吱呀声响，巡抚官署后门打开，一个手提灯笼的仆人小心地探头出来，左右窥视一下，才轻声地招呼那黑影道：“任老爷，快点进来，我家大人在书房等着呢。”

那个黑影应声跃出，两三步就跨上门前的台阶，一边进门，一边飞快地从怀中掏出一小包银子，悄悄递给那仆人。那仆人掂了掂银子分量，笑了笑，等那黑影闪进门后，马上又轻手轻脚地把门关好。

门外仍是一片黑暗。

那仆人走进书房，向正一本正经地就着灯烛的灯光在看书的唐景崧禀报："大人，藩库大使任如芬任老爷来拜！"

唐景崧端坐不动，架子十足地吩咐："叫他进来！"

唐景崧的话音刚落，那黑影就已闪进来，恭恭敬敬地跪在地上行起了参谒大礼："下官任如芬叩见中丞大人！"

等他行完礼站起身子，唐景崧才冷冷地向他瞥了一眼，拖长声调问："你夤夜求见本院究竟有何急事？"

任如芬语气夸张地说："大人，大事不好了！帮办大人刘军门今天带人赶到沪尾查营，把唐管带唐老爷抓起来了！"

沪尾在台北以西 30 里的海边，港口更比基隆宽敞。它是全台茶叶出口的中心，早在 100 多年前即被开辟为台湾交通内地的主要港口。第二次鸦片战争后被各国定为通商口岸，并定为全台总口，地位更比基隆为重要。中法战争时，法军也曾攻打沪尾，但被中国军队打得大败。战后，台湾当局把沪尾看成仅次于基隆的第二防御重心。加固了原有的炮台，安装了新购的西式大炮。中日战争爆发后，沪尾前敌后路的守军多到二十余营近万人。唐景崧的侄子就是其中一个营官。

唐景崧听后，不觉放下原本故意端着的架子惊问："这是怎么回事？刘军门怎么跑到沪尾去啦？"

任如芬低头垂手，吞吞吐吐地说："刘军门是奉杨老将军之命到沪尾视察军务的，都怪唐管带办事孟浪，有几个士兵请假回家，他却未能及时禀报声明，遇上刘帮办一大早率人来查营，迅雷不及掩耳，被抓个正着。加上昨晚下官刚巧到沪尾，唐管带招呼下官喝酒，叫了两个土妓前来陪酒，天晚了就留了下来，结果也撞上了——"

唐景崧发怒了："你们也太不检点了！"

任如芬装模作样地打着自己的嘴巴："小的该死，小的该死！"

"好了，好了。"唐景崧不耐烦地打断了他，继续问道，"刘军门后来把唐管带怎样啦？"

"起初，刘军门欲以滥冒营额、拥妓酣卧的罪名，将唐管带阵前正法，亏得下官挺身而出，代为说情，声明唐管带乃中丞大人堂侄，请求看在中丞大人分上饶恕唐管带。刘军门这才改为将唐管带摘去顶戴，责打四十军棍，关押起来，待禀过中丞大人再从重发落。”

“我那不肖侄儿受苦了！”唐景崧顿足叹道。

“刘军门也是，一点面子都不给。”任如芬在一旁火上加油地嘟囔着。

唐景崧默然，灯光下，只见他紧闭着嘴巴，脸上神色不定，肌肉抽动，显然是心中正生着闷气，思考着对策。许久，他似乎才醒悟任如芬还站在房内，于是，不耐烦地问道：“你还有事？”

任如芬忙道：“下官还有要事禀报。”

“快快道来！”

任如芬示意似的望了望门外的仆人，欲言又止。唐景崧会意，做了个手势让仆人回避。任如芬这才趋前一步，附在唐景崧耳边低声说：“大人，在厦门专管转运事宜的蔡知府已发来滚单，日内将有一百万两饷银运到，从沪尾港上岸，下官正是因为此事才去的沪尾。”

唐景崧笑了，“这是好事，台防各营正着这笔银子关饷呢！”

任如芬的声音更低了：“可是下官却听说前敌战事不妙，朝廷有割让台湾给日本的意思，一旦成约，岛上的公家器物将全归日本所有。如现在将这一百万两饷银上岸入库，到时岂不成了日本的掳获物？”

唐景崧有所触动，但并未作声，只是侧着脑袋盯住任如芬，等待着他的下文。

任如芬偷偷地瞥了一眼唐景崧，嗫嚅着说：“直东奉三省十数万精兵强将以及北洋水师的数十舰船，尚且被日军打得落花流水、损兵折将，本省军兵总计只有数万，舰艇并无一艘，谅来也不是日军的对手，到时，如朝廷真的答应割台，大人大概也不会违旨据台抵抗吧？”

唐景崧没有马上搭腔，只是轻轻地点了点头，脸上专注的神情像是在鼓励任如芬继续说下去。

任如芬胆更大了，话也说得更加流利：“如果大人不想留在台湾，那么，有一百万两银子在手，无论要办什么事情，都会有极大的用处。”

听到这里，唐景崧忍不住开口了：“你所虑有理，只不知可有善法处置？”

任如芬鬼鬼祟祟地走到门口，伸头出去向四面看了一下，发现仆人们都回避了，然后回到唐景崧身边，附着他的耳边，声音压得更低了：“依下官愚见，如饷银运到，莫如依旧留在船上，并不急着上岸，且看局势如何，再由大人灵活处置，不知大人意下如何？”

唐景崧沉吟道：“百万饷银留在船上可不是玩的，你一定要将事情办得机密才行！”

任如芬拍着胸膛说：“大人放心，一切都包在下官身上，保证误不了事，只是……”说着他停顿了一下，吞吞吐吐地说，“只怕刘军门在沪尾……”

“你是怕刘军门在沪尾碍事？”唐景崧盯住他问。

任如芬犹如鸡啄米似的连连点头：“正是，正是，刘军门心细如发，有他驻在沪尾，恐怕什么事情都逃不过他的眼睛，大人得要想个善法才行。”

唐景崧不以为然微笑道：“这个好办，邵前抚原来就派他镇守台南，他这次上省原是禀报公事，到沪尾查营不过是临时差遣，事毕后，我仍可将他遣回台南，省得在沪尾碍事，放心好了！”

第五节　台北风波

台北省城。城门。

上午，士农工商，人来人往熙熙攘攘地进出城门。身高体壮、神态骄横的抚标中军副将方元良领着两名士兵，正往墙上张贴告示。

路过城门的吴汤兴等一些百姓围上去观看。

人群中传出吴汤兴悲愤的朗读声："台湾布政使署理台湾巡抚唐为晓谕事：奉上谕，中日议和一事，已于三月十八日定约，割台系万不得已之举。台民忠义，不肯俯首事敌，屡次恳求代奏免割。然台湾虽重，比之京师则台湾为轻，倘敌人胜直攻大沽，则京师危在旦夕；又台湾孤悬，终究不能据守，且无接济，一拂其请，彼必全力并攻，徒损生灵，终归沦陷。交割台湾，限两月以内；本约批准交换后两年之内，地方民人要迁居者，准任便变卖所有田地退出界外，但限满之后，尚未迁移者，宜视为日本臣民……"

地痞李文魁夹在人群中大喊大叫："那不是要我们台湾百姓当亡国奴吗？"

众人哄然，七嘴八舌，议论纷纷："日本人要来抢占台湾了！""台湾以后不再是中国的了！"一些老人和妇女忍不住哭出声来。

方元良站在高高的台阶上，对着骚动的人群居高临下地指画着，神气活现地吆喝着：“不许喧哗，不许拥挤！”

一个白胡子老头被人群挤到前面，立脚不稳，一头撞在方元良的腿上，方元良摇晃着身子，几乎摔倒。只见他怒气冲冲地抬脚一踢，刚好踢在老人脸上，老人惨叫一声，捂着脸跌倒地下。吴汤兴和李文魁抢上一步，一左一右地搀起老人，老人的脸上被踢伤了一大块，红胀的嘴角淌着血，只是呜呜地哭。

吴汤兴愤怒地责问方元良：“你怎能这样欺负老人？”

方元良脸上的横肉抖动：“他冲撞了老爷，老爷踢他是轻的，惹得老爷性起，还要送他到衙门关上几天，让他知道老爷的厉害！”

李文魁愤愤不平地插嘴：“你对我们百姓才这样神气，有本事怎么不去打倭寇？”

众人哄然，纷纷指责方元良。

方元良勃然大怒，一手去拔腰中的佩刀，一手指着李文魁破口大骂：“你敢骂老爷，看老爷今天怎样收拾你这个野小子！”

李文魁手疾眼快，趁着方元良低头拔刀的机会，上前用力一推，将方元良推得仰面朝天地摔倒在地上，李文魁还朝他未解恨地狠狠踢去。

方元良在地上狼狈地挣扎着，手中晃着锋利的尖刀对李文魁喊道：“老爷今天要杀了你！老爷今天要杀了你！”

李文魁被骂得性起，他狞笑着弯下身子，一把夺过了方元良手中的腰刀，杀气腾腾地骂道："你们这些狗官出卖了我们的台湾，还要作威作福欺负我们老百姓，今天有你无我，有我无你，先杀了你，再找狗官算账！"说完，举刀劈去。方元良躲闪不及，一刀正中胸口，鲜血如泉水一样喷溅出来，身体在地上打滚，眼看就活不了。

"方老爷被杀了，方老爷被杀了！"原来跟着方元良的两个士兵见势不妙，边喊边逃，抱头鼠窜而去。

吴汤兴一脸悲愤，拨开挡路的人群，上前揭下告示，挥手大声对躁动不安的众人说："我们找官府理论去，要他们为百姓做主，不许将台湾割让给倭寇！"

早已得到消息的巡抚官署大门紧闭，往日威风张扬的衙役兵丁都躲得没了踪影。

吴汤兴手中高举告示，李文魁则提着方元良的腰刀，气昂昂地走在人群的前面。

看到巡抚官署大门紧闭，激愤的人群上前敲门、推门，并发出乱糟糟的叫喊声："开门！开门！""还我台湾！还我台湾！"

大门依然紧闭，纹丝不动。

人群有点泄气了，一些人开始退出来。

李文魁却像发疯似的挤上前去，高举手中的腰刀狠命地劈下去："老子今天要劈开这两扇门，看你狗官还能藏到哪里去！"

突然，嘭的一声枪响，一发子弹准确地打在扁平的刀身上，把腰刀击飞了。

众人一愣，回头看时，只见刘永福骑着一匹高头大马，由吴彭年及众亲随簇拥着，铁青着脸站在人群后面，刘永福手里还拿着一支冒着青烟的毛瑟手枪。看到人们回过头，刘永福喝道："青天白日，你们刀劈官署，究竟想干什么？"

"是刘大帅！"人群中有人认出刘永福，激动地叫出声来。

吴汤兴推开众人，高举手中的告示，从后面拖着沉着的脚步走上前，悲愤地对刘永福说："刘大帅，朝廷要将台湾割让给日本，我们台湾百姓不愿做亡国奴，还望刘大帅为台湾百姓做主！"说完，他跪倒在刘永福马前，并把手中的告示高举过头，呈送到刘永福面前。

后面有众百姓见状，也跟着吴汤兴齐刷刷地跪下，黑压压地跪满一地。他们都仰起脑袋，满怀希望地凝望着刘永福，异口同声地喊道："我们不愿做亡国奴！求刘大帅为我们做主！"

乍一听闻吴汤兴那番话，刘永福还不大相信，脸上只是露出惊异的神色。吴彭年抢上一步，从吴汤兴手中接过告示，飞快地看了一遍，然后对刘永福附着耳朵说："大帅，他说的都是真话！"

一听此话，刘永福似乎被电击中一样，身子摇晃了一下，差点儿摔下马来，脸色顿时变得灰白。

这时，吴汤兴和众百姓又齐声喊道："台湾百姓不愿做亡国奴，求刘大帅为我们做主！"

刘永福收起了手枪，在马上向众人双手作揖道："朝廷命本镇来台湾帮办防务，本镇自当与台湾共存亡，绝不轻易放弃，让倭寇唾手而得。然而变出意外，尚望父老乡亲镇静处之，千万不要任性哄闹，以致自相残杀，徒乱自家阵脚！现在请各人先自散去，且待本镇与唐中丞商议抗倭对策，一定不负众望！"

"还望刘大帅为台湾百姓做主！"百姓齐喊。

巡抚官署内书房。

丘逢甲泪流满面，正在苦苦哀求唐景崧："老师，事情危急，还望速筹良策救我台湾！"

唐景崧也很难过："你也不是不知道，这半个月来，为了谏止朝廷割台，本院并未少上电函奏牍，但天心难回，本院实在也无能为力。"

一个亲随来报："大人，刘帮办求见。"

唐景崧示意丘逢甲回避，自己整了整衣冠，吩咐道："带他

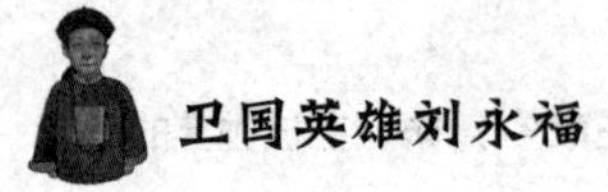

来见。”

刘永福大踏步进来。

唐景崧：“渊亭，你怎么会来到？”

刘永福：“沪尾军情有异，永福特地上省禀报，没想到会这样！”说着，他挥动手中的告示问：“朝廷怎么会将台湾割让给日本？台湾百万百姓将如何处置？会不会是奸臣假传圣旨？”

唐景崧正色斥道：“别胡说，电传上谕怎会有假。”

刘永福圆睁双眼望着唐景崧，眼泪不禁夺眶而出：“台湾真的要亡了吗？台湾真的要亡了吗？”说着，他号啕大哭，“十年前在越南，中法定约后，我军刚刚撤走，法人即大肆屠杀越南壮男，奸淫妇女，掳掠财物，焚毁房屋，种种惨状，至今想来，犹觉惨不忍睹，锥心刺骨，莫非如此惨剧，又将在台湾重演！”

唐景崧在一旁陪着落泪：“本院也不想这样，奈何朝命难违呀！”

“不！”刘永福义愤填膺地说，“台湾乃中国的疆土，台湾百姓乃朝廷子民，台民不愿从敌，将士不愿从敌，永福也不愿从敌！万望中丞大人为百万子民做主，设法保全台湾。”

唐景崧摊开双手：“朝命如此，我又有什么办法？”

刘永福说：“不，当年刘省帅的兵将没有今天这样众多，枪炮没有今天这样精良，防务没有今天这样牢固，尚且能够挫败法军，保存台湾，今天只要中丞大人能登高一呼，必然兵民景从，同仇敌忾，不愁与倭寇一搏！”刘永福这里说的刘省帅，指的是淮军宿将、台湾首任巡抚刘铭传，字省三，所以人称刘省帅。

唐景崧迟疑：“只恐有违朝命……”

刘永福慷慨道：“如中丞大人不便出头，可否由永福主持战事，率领兵民抵御倭寇，有功中丞大人居之，有过则由永福担当！”

唐景崧低头沉思，刘永福期待地望着他。良久，唐景崧脸上闪过一丝狡诈的笑容，望着刘永福问：“如果真的要据岛拒敌，不知你准备如何筹划战事？”

刘永福说：“据永福所知，基隆为全台湾第一要口，前敌后路已有精兵良将近三十营，兵力不为不厚，又有杨老军门主持，估计可保无虞。沪尾则为全岛第二要口，驻兵虽近二十营，却少得力主将，又距基隆甚远，临敌之际，唯恐杨老军门鞭长莫及，无法相顾，如中丞大人不以永福为不才，永福愿当沪尾守责！”

唐景崧问：“那台南托付给何人呢？”

刘永福说：“台南海面常有巨涌，舰船难以靠近，日军如欲袭攻，必取别处陆路，而该处向有台湾镇道各率重兵驻防，节节把守，只需增兵添械，多备粮饷，防务管保无虞！”

唐景崧摇头："事情可不能这样看。台南恒春自大港口以至凤山，共有百余里，昔年曾为日兵侵扰，盘踞半载有余，蹊径既谙，旧奸尤有，炮台未设，海岸易登。该处防营单薄，又无大员统率，诚恐敌人蹈虚就熟，不可不加意严防，台湾镇道鞭长莫及，恐怕不能当此重责！"

刘永福疑惑："中丞大人的意思——"

唐景崧说："邵前抚去年命你径赴台南，与镇道筹商一切，原来即有托付台南防务之深意，本院履任未久，自不便随意更改前任部署。我意你可仍回台南，独当一面，台南地方扼要，非有威望大员不足以资震慑，你在那里可以节制镇道以下各官，任便行事。本院虽有督办之名，亦不为遥制，你意如何？"

刘永福愕然："那沪尾防务——"

唐景崧笑道："沪尾西距省城不过三十里，本院尚有精力顾及，你还是安心回台南布防吧！只要你顾台南，本院顾台北，南北两处皆有备敌的应付，声势大壮，先声夺人，日本岂无闻风生畏乎？就这样了，你还是早日回台南布防吧！"

刘永福默然。

台北。巡抚官署正门。

刘永福面色灰白，神态木然地走出来。

在门外等候的吴彭年等一干亲随迎了上去。看到刘永福这个样子，他们都觉得奇怪，但只有吴彭年小声地问：“大帅——”

刘永福似乎没有听见，没有回答。

一个亲随把马牵了过来，刘永福这才长长地吁了一口气，木然接过缰绳，跃身上马，同时无力地扫视了众亲随一眼，吩咐道：“上马，收拾行装回台南去！”便自顾自扬鞭策马而去。

众人面面相觑，愣了一会儿才纷纷跟了上去。

台北。刘永福下榻处。

吴彭年指挥亲随们在里里外外地收拾行装。刘永福独自伫立窗前，两眼漫无目的地眺望着窗外的景色，头脑却陷入了深深的沉思中。

一个亲随来报：“大帅，丘主事来拜！”

“哪个丘主事？”思路一下还没转过来的刘永福随口问道，但马上又像醒悟过来，连声吩咐：“快请，快请！”

心情沉重的丘逢甲被亲随带了进来，与刘永福见过礼后，双方分宾主坐下。他开门见山地问：“适才将军与中丞大人谈话似有不恰。”

刘永福怅然长叹：“永福是个粗鲁人，谈话做事直来直去，也不知何处冲撞了中丞大人！”

丘逢甲说："中丞大人虽是个文官，平生却极喜谈兵。"说着，他指指桌上摆着的《请缨日记》，"一部《请缨日记》洋洋十余万言，八九都是谈兵，平素也在僚属中以知兵出名，被誉为'以名臣而兼名将'。而将军才谈论守基守沪，却只字不及中丞大人，岂非触犯了忌讳？"

刘永福吃惊了："永福昔年曾与中丞大人在越南几近三年，虽然知道他喜欢谈论兵法，并曾率景军四营作战，但毕竟是张良、孔明之畴，运筹帷幄是其所长，上阵杀敌则是其所短，所以永福才以防务为重，力请出守沪尾，实欲保住台北，兼顾全岛，却不料因而冲撞中丞大人，遭其误会了。"说完，唏嘘不已。

丘逢甲慨然而起："言语冲撞乃是小事，学生愿意大力斡旋，弥合裂痕，消除误会。只不知如异日台湾有难，将军能否尽力捍卫？"

刘永福大义凛然道："永福自上岛之日起，即誓与台湾共存亡，尽力作战，死而后已，此心此意，天日可鉴！"

丘逢甲激动地说："难得将军如此赤胆忠心，逢甲亦当焦唇敝舌，大力挽回。劝说中丞大人以台湾安危大局为重，与将军携手并肩对敌！"

台北。巡抚官署大门。

丘逢甲从外昂首直入，迎面却碰到任如芬从里面出来，脸上浮现一股小人得志的奸笑。两人碰面，未及招呼，任如芬做贼心虚地往旁边一闪，就溜出门出。丘逢甲心中有事，虽然也愣了一下，但未及细想，就径直进去。

唐景崧独自在书房内沉思，想着与任如芬密商的事情。看到丘逢甲突然进来，不觉有点惊奇："仙根，你、你有事？"

丘逢甲看到唐景崧神态紧张，也顾不得细想，就单刀直入地说："学生特地为刘军门来向老师说情。"

一听到丘逢甲提的不是任如芬的事，唐景崧不觉心下一松。但一想到丘逢甲肯定是为挽留刘永福守台北，将会坏了自己的事情。于是唐景崧马上变了脸色，愤愤然道："刘渊亭这个草莽匹夫，十年不见，禀性依旧，一点也不把本院放在眼里，真令人可恼可恨！"

丘逢甲不解地问："刘军门不过是请求到台北协防，虽然快人快语，冲撞了老师，但毕竟是出自公心，老师似乎不值得如此生气？"

唐景崧说："本院倒也不全为今日之事，只是由而联想到十年前的那一段往事——"

丘逢甲说："十年前老师与刘军门有过龃龉，学生在《请缨日记》中也曾读到一点，但详细情形还不清楚，老师能否细细一叙？”

唐景崧恨恨地说：“本院当年请缨入越，助刘抗法，原有效法班定远、傅介子，立功异域，扬名中华的雄心。当扶持刘渊亭力歼李维业，两败波滑之际，适逢越王暴毙，国政紊乱，法人又乘机攻陷越都，逼签城下之盟。本院遂建议刘渊亭号召北圻，代越为王，尽逐法军，重建越南。如是本院亦可立一大功，孰料匹夫不识大体，毫无远见，尽管本院苦口婆心，多方劝诫，他依然拒绝不纳，坐视越南沦丧。否则，如能依本院计策，则今日之越南似可能仍为中国的藩篱，大清的国势亦不致如此之弱，本院的功名恐亦不止此。唉！一件天大的功劳就这样断送在匹夫手中。”

丘逢甲待他气平，方才徐徐劝道：“老师所说的已是十年前的旧事，可以暂搁一边。当前局势严重，刘军门虽然为人粗率，但报国忠心却无人可及，并非有意冲撞老师。老师虽然号称知兵，而上阵杀敌，冲锋陷阵，仍需刘军门这样的宿将亲冒矢石才成，所以，还请老师宽大为怀，与刘军门共商保台抗日大计！”

唐景崧却恨意不解：“刘渊亭表面恭顺，骨子里其实并不尊重本院，他初到台北，即借故惩治我的堂侄。这次名为协助本院防守沪尾，实际是欲夺本院兵权，如留他主持台北防务，一定会滋生许多事端。本院却偏不能让他如意，偏要命他返回台南，出守恒春，让他死心！”

丘逢甲心中十分不安：“老师，全台形势尽集于台北，台南非其可比，台北失则牵动台南，台南失却不足以牵动台北。老师守台北，如无刘军门这样的大将辅佐，恐守之不易，如台北有失，则全台震动，难以挽回。还望老师三思，以大局为重，以百姓安危为重，仍留刘军门助守台北！”

唐景崧不满地望着丘逢甲：“仙根，你今天怎么啦？尽为刘渊亭说话，难道少了刘渊亭就无法守住台北了？难道杨军门就不是大将吗？何况本院已用重金招聘广东大侠吴国华前来台北助防，不但要守住台湾，还要收复澎湖，让他刘某知道本院的手段！”

丘逢甲看到苦劝无效，只得告辞而去。在走出巡抚官署的大门时，他忍不住热泪盈眶，仰天长叹：“其殆天乎！”

沪尾港码头。入暮。

岸边，吴彭年等在督促着亲随将行李搬下等在海边的一艘轮船。

码头顶上，沪尾守将杨载云等一干将弁伴随刘永福最后一次巡视炮台。

杨载云激动地对刘永福说：“刘大帅，把我也带去台南吧，省得在这里受憋闷气……”

刘永福苦笑：“傻话！全台南北连成一气，防务始有把握，大伙都去台南，谁来守台北呢？”

远处，一阵尘土飞扬。待尘土落下后，一行人马来到码头，当头的是白发银须的杨岐珍。

“是杨老军门！”刘永福又惊又喜地迎上去。

杨岐珍无限惋惜地拉住刘永福：“老弟啊！你怎能撇下老哥哥就走了呢？你可知道老哥哥多么需要你呀！台北防务也多么需要你呀！”

刘永福只是陪着苦笑，却不搭腔。

杨岐珍愤愤地跺了跺脚：“也不知道唐中丞安的是什么心，在这么紧要的关头放走了你这员大将！唉！台北凶多吉少了！”

众人沮丧地垂下头。

下面的轮船汽笛长鸣，在催促客人上船！

刘永福强忍着泪水，与杨岐珍告别，杨岐珍紧握着他的手说：“台湾南北有电报相通，缓急之间，可以及时电报联系，免误大事！”

刘永福连连点头，然后，走下码头，登上轮船。

又是一阵嘹亮的汽笛，轮船在翻滚的波涛中渐渐远去。身影越来越小的刘永福依然站要船头，依依不舍地向着岸上的众人挥手致意。

暮色笼罩了沪尾码头，一片苍茫。

第四章

『求刘大帅救救台湾』

第一节 内渡噩耗

台南恒春。

早年，当荷兰人侵台湾时，就以台南作为根据地。郑成功收复台湾后，也以台南作为统治中心，建王城于安平。清政府统一台湾之初，设台湾镇总兵和台湾道，分管台湾的军政，并设台湾府治理民事，台湾道后来例赏按察使衔、提督学政、加营务处，兼管法、政、军、学等各方面，权力很大。这镇、道、府均驻台南，台南遂成为全台的政治、军事中心。这种格局一直延续了两百多年。直到中法战争后，台湾建省，在台北设立巡抚、布政使等衙门，台湾的政治、军事中心才转移到台北。清政府又将台湾府改设在台中，另外在台南设台南府，辖安平、嘉义、凤山、恒春四县及澎湖一厅，而台湾道和台湾镇总兵仍驻台南，可见其政治军事地位虽然不及台北，但仍较台中为重要。

从台北回到台南，刘永福遵照唐景崧的命令，从台南移驻凤山，专防凤山东港至恒春一线。后来，唐景崧命刘永福率军移防恒春，于是刘永福又从凤山移驻恒春。恒春县城离凤山县城 120 里，位于台湾的最南端，县境三面滨海，而港湾多浅狭，不利船只出入。恒春原名琅峤，1874 年日军侵犯台湾就是由此登陆。虽然日军最终失败撤退。但以后每当中日发生矛盾，中国总担心日军会重蹈覆辙，从恒春登陆攻扰台湾。这次中日起衅，恒春本应成为防御重点，但台南苦于兵力不足，只能派出新旧两营士兵防守，刘永福虽率本部四营到防，但力量仍十分薄弱。

辽阔碧澄的苍穹下，半空中飘着一面移动的黑旗，旗帜中间是一个白色的圆形，白圆当中是一个大大的篆体“刘”字，字下是成北斗七星形象的七颗小星星。靠近旗杆的旗帜边缘，有一条白色的长方形,里面写着一行黑字:“闽粤南澳总镇帮办台湾防务”。旗下，是一长队盔甲鲜明、步伐整齐的军队，精神抖擞地向前疾速行军。在行进军队旁边，是乘马的刘永福及吴彭年等幕僚将弁。

远处传来一阵杂乱的喊杀声。

刘永福勒住马，举起挂在胸前的望远镜向前眺望。镜头里出现两队手持刀叉棍棒的愤怒百姓，他们隔着丈余空隙，激动地挥舞着手中的武器，面对面地叫骂着。显然，这是一场大规模械斗的前奏。

刘永福放下望远镜，回头望望身边的军队，果断地下令：“跑步前进！”自己并用马鞭一抽坐骑，策马带头向前冲去，吴彭年等人跟着。马蹄迅速地敲打着地面，扬起了阵阵尘土。

身披黑袍的刘永福像一头雄鹰一样冲进正要短兵相接的两队百姓之间，吴彭年等乘马的幕僚将弁也跟着冲了进去，形成一道并不紧密的屏障。

出乎意料的百姓惊住了，不由自主地停止奔跑的步伐、挥舞的武器及歇斯底里的叫喊，目瞪口呆地望着这一群不速之客。

跑步前进的军队也跟上来了，他们训练有素，很快地分成三队，一队插向中间，两队左右包抄，把械斗的百姓围住。

刘永福铁青着脸，挥舞着手中的马鞭，厉声喝问：“你们要干什么？你们要干什么？”

百姓看看紧密地包围过来的军队，顿时像泄了气的皮球，紧张的气氛松弛下来，一些胆小的男子还本能地把手中的武器丢到地上。

年约五十、儒生打扮的郑清从东边的人群中走出来，来到刘永福面前，行过礼后，指着对面的人群说：“大人，西村的村民仗势欺人，侵占我东村十亩土地，还望大人做主，将土地判还我东村！”

东村百姓跟着起哄：“还我土地！还我土地！”

西村百姓七嘴八舌地反驳：“十亩土地是他们赌输给我们的，已成为我们的东西，怎么还给他们？”

这么一闹，原来已经冷落下去的气氛又渐渐炽热起来，一些鲁莽汉子挥舞着手中的武器蠢蠢欲动。

“好啦！”刘永福大声喝止他们，“现在已是什么时候，你们还为十亩土地自相残杀！”

百姓停止叫骂，一齐莫明其妙地望着刘永福！

刘永福接着说：“你们两村为了十亩土地可以打生打死，如果现在有人要来杀戮你们的男子，强奸你们的妇女，焚烧你们的房子，霸占你们的土地，你们该怎么办？”

郑清愤愤地说：“我们要和他们拼了！”

东西两村的百姓也跟着呐喊：“拼了，拼了！”

刘永福在马上直起身子说：“朝廷现在已把台湾割让给日本，倭寇马上就要来了，到时，这班强盗霸占你们的土地，把你们变为他们的奴隶！”

“倭寇又要来了！”不等刘永福说完，百姓们就惊恐地议论起来。因为二十年前日军侵犯台南时，就是从恒春登陆的，他们烧杀掳掠的暴行，年长一点的恒春百姓可是记忆犹新的。

郑清有些不相信地问：“是不是二十年前从这里上岸，烧杀掳掠的小萝卜头？”

刘永福点头。

郑清悲愤地说：“那一年，我的祖父和叔祖被小萝卜头杀了，两个姑姑受到污辱，全乡死了一百余人，几乎是家家戴孝，户户哭声。今天，小萝卜头又来，大家可要遭殃了！”说着，他把手中的木棍朝地下一扔：“既然如此，自己人还有什么打头！”

众人面面相觑，也跟着纷纷扔下手中的器械。

刘永福跳下马，对郑清说：“为了十亩地，你们可以聚族械斗，现在为了全族的生命财产，你们更应该团结起来，和敌寇以死相争！”

郑清拉住刘永福说：“我们愿跟将军一起和小萝卜头作战！”

东村百姓纷纷聚集到郑清后面，异口同声说：“我们都愿跟随将军打小萝卜头！”

西村百姓见状也扔下手中的武器，聚拢到刘永福身旁说：“我们也愿意跟随将军打仗！”

刘永福高兴了：“国难当头，我们每个有血性的男儿，都要和敌人作战，自己人之间，应该捐弃前嫌，携手作战，保我台湾！”郑清和众人点头。

恒春枫港，巨礁错列，波涛汹涌。

刘永福、郑清及吴彭年等幕僚将弁，冒着烈日的暴晒，在细细勘察着地形后，刘永福领着众将士在海滩挖地营，郑清则率带男女百姓帮忙给军队送水送饭。

在一个筑成大半的炮垒里，刘永福贴着一门大炮，在前后瞄准。

忽然，从炮垒外面传来俞明震的声音：“刘将军，你很忙啊！“

刘永福抬头一看，诧异道：“俞先生，什么风把你吹来了？”

这时，俞明震身旁的一个亲随插嘴道：“俞方伯新被札委署理藩司，这次是奉唐中丞之命来与帮办大人商议要公。”

听闻如此说法，刘永福连忙起身，走出炮垒，对俞明震说：“俞方伯辱临，不知有何见教？”

俞明震道：“且找个僻静所在——”

吴彭年等幕僚将弁闻言，会意地站立不动。刘永福和俞明震并肩缓行，在海岬找了个僻静地方停了下来。

台湾布政使原为顾肇熙，而俞明震不过是唐景崧的亲信幕僚，只有一个候补主事的职衔，何以突然署理布政使，而且亲临恒春这样偏僻的地方来见自己，不用多想，也可知道台北省城一定发生了大变故，刘永福望着俞明震，脑海里思潮翻滚。

似乎是看穿了刘永福心中的疑惑，俞明震首先解释：“唐中丞新近札委本官署理藩司之职，因恒春僻远，又无电报相通，唐中丞特命本官前来与将军商议要事。”

听说唐景崧派这样高级别的官员前来，刘永福马上预感到事情不寻常，急着问：“不知中丞大人有何吩咐？”

俞明震神色凝重地说：“中丞大人已接朝廷谕旨，命全台大小文武官员离台内渡。”

刘永福大吃一惊，一时说不出话来。

俞明震继续说：“现在台北省城除唐中丞被百姓强留在台外，文员自顾方伯、陈观察以及各府县官，武职自杨会办、万军门及各统领营官，均已纷纷遵旨内渡，各营将士亦大半遣散。因为恒春尚无电报相通，唐中丞特命本官前来询问将军，是遵旨内渡抑或继续留台抗敌？”

刘永福慨然道：“本镇自履台以来，台民相待犹如家人，同仇敌忾，肝胆相照。本镇深感台民忠义，不忍舍弃，愿意留台与共存亡！！”

俞明震拊掌笑道：“果然不出唐中丞所料，将军忠肝义胆，必不肯去。眼下台湾镇万军门已然内渡，台南府城及安平、旗后炮台空虚，乏人主持，唐中丞欲委将军兼署台湾总镇之职，回驻台南府城，统筹台南防务全局，不知意下如何？”

刘永福爽快地答道：“遵命！”

俞明震长吁了一口气：“本官总算做完了一件事！”他停顿了一下，似乎在思索怎样开口说下一件事：“中日和约已有新的变化，不知将军可闻知一二。”

刘永福摇摇头：“自驻恒春以来，本镇恰如聋子和瞎子，对于外界事务毫无所知，不知中日和约有何变化？”

“中日和约公之于世后，有俄、德、法三国出面干涉，不允日本割占辽东半岛，日本无法，多索三千万偿费后退还了辽东半岛。”

刘永福静静地听着，没有插话，他知道，俞明震不会无缘无故地提起这事，必定还有重要的下文。

果然，俞明震字斟句酌地继续说：“丘主事和唐中丞受此启发，以为台湾必须自主，分别与中日两国断绝关系，自成一国，即可自请各国保护，次第举行借债、开矿、造船、购械等事，始有生机。现经官绅合商，议定改建台湾为民主国，选总统、副总统各一人，制蓝地黄虎旗为国旗，从此自成一国，长作中朝藩属，群推唐中丞为首任总统，并欲推举将军为副总统兼大将军，共同赞襄政务——”

刘永福的脸色骤变：“台湾自成一国，与中华断绝，岂非背弃祖宗的僭逆行为？”

俞明震小心地赔笑道：“苟非如此，不能得到西洋各国的保护，台湾势必沦入敌手，故唐中丞筹此救急解危权宜之计，只待风波过后，保存台湾，或长为藩属，或重归朝廷！”

刘永福连连摇头：“俞方伯，你曾有过流亡异国的经历吗？本镇不幸，曾流亡越南一十八年，在异乡他国，我们万余黑旗将士家眷聚居保胜一隅，无论盛衰兴亡，从未改变中国的服饰、发式、语言。即以本镇虽越南授官三宣提督，位至方面，仍视若浮云，无时不思念故国，屡经请求滇粤大宪，乞允回国归宗，其情其感，恐方伯亦难切身体会！”

俞明震点头赞同：“故国之思，人皆有之，如非欲报唐中丞知遇之恩，与共患难，本官亦已内渡回国矣！”

刘永福正色道：“今日之台湾，乃我中华之台湾，朝廷继承前代，二百余年开辟教化，始成蔚然大邦。目下虽为强敌所胁，被逼割让，但台湾有兵有将，同仇敌忾，不难与强敌一搏，保我宝岛，归还故国。何况本镇深受朝廷厚恩，正思报答，虽肝脑涂地，亦在所不惜。但如强敌未至，先换国旗，自绝祖脉，未免冷了将士捍卫国土的忠心，本镇亦将无面目还见江东父老。烦劳方伯代为禀复中丞大人，永福乃中国人也，愿为中国保守台湾，如有战事，情愿披坚执锐，为三军先；如欲变岛为国，自绝中华，则不敢从命，万望莫列贱名。”

俞明震十分感动，眼睛也有点湿润，望着刘永福不再说话。

第二节　檄示台南

台南府城，徐骧住处。

屋里屋外熙熙攘攘，一副筹办喜事的忙碌样子。徐骧衣着一新，满脸喜气，与母亲、嫂子督同家人仆役，进进出出地张罗布置新房。

吴汤兴一副风尘仆仆的样子，挤开众人，走了进来。徐骧一眼看见，高兴地迎上来：“绍文表哥，怎么迟到现在才来，把我都盼坏了。你再不来帮忙，真要把我累趴了！仙根表哥呢？”

吴汤兴苦笑：“国破家亡在即，只有云贤表弟才有这么好的兴致操办喜事。仙根表哥还在省城帮助唐中丞筹建民主国，没空儿来了！”

徐骧吃了一惊，脸上不觉火辣辣地发烧，一把拉住吴汤兴说：

“你看，我这阵子只顾筹办婚事，把外间的一切都忘了，真是该死！不知现在省城的情况究竟怎样了。”

吴汤兴看了一眼身旁来来去去的人：“我们找个地方坐下细聊！”

徐骧连声说：“对，对！”说完，将吴汤兴引到一间空房，吩咐仆人给吴汤兴斟上茶，就坐在一旁，眼巴巴地望着吴汤兴。

吴汤兴赶了路，嘴巴早已干渴，一口气喝完一杯茶，才心事重重地长叹了一声：“三月间，朝廷电谕割让台湾给日本，刘大帅本来答应率领军民与敌人作战，怎奈唐抚台却把他派去驻守恒春。四月，朝廷令全台大小文武各官内渡，一时间，基隆、沪尾各官兵几乎遣散一空，只有唐抚台被省垣百姓强留，现在正乱糟糟地与仙根表哥张罗成立什么台湾民主国，兵微将寡，只想吁请各国保护，看来也难成气候！”

“在民主国中，不知可有刘大帅的位置？”徐骧关心地问。

吴汤兴沮丧地摇摇头：“据说刘大帅一心向往中国，对变岛为国很不以为然，所以不愿参与其事，在民主国中并无位置，只是答应署理台湾总镇。我这次来台南，一来是帮你筹办喜事，二来也想寻机遇谒见刘大帅，询问可有救台良策。”

徐骧道：“天下兴亡，匹夫有责。我徐某也是个血性男儿，岂能坐视桑梓沦丧？我誓死不做亡国奴，这婚事也不办了！走，我与你一同去谒见刘大帅！”

徐骧和吴汤兴并肩赶路，朝着台南府城走去。路边，一大群人围在一起，正在凝神谛听什么。徐骧好奇地探头一看，发现被围在当中骑马宣读告示的人正是吴彭年，便拉着吴汤兴挤进人堆。

吴彭年双手捧着一纸盖了红色关防的官府告示，用富于抑扬顿挫的调子朗朗宣读：

“钦命帮办台湾防务，闽粤南澳总镇、依博德思巴图鲁刘：

“为开诚布公激劝军民共守危疆事，照得倭寇要盟，全台竟割，此诚亘古变异，为人所不忍闻，所不忍见，更何怪我台民发指眦裂，誓与土地共存亡。本帮办则以越南为鉴，迄今思之，无日不抚膺痛哭，追悔无穷，何以天无厌乱之心，而使民遭非常之劫！自问年将六十，万死不辞。独不思苍生无罪，行将夏变为夷乎！嗟乎！积岔同深，自可挽回造化；厚德载福，谅能默转达气机。愿合众志成城，制梃胜敌，在我坚心似石，惟军民共守，气味最贵相投，淮楚同仇，援助岂容稍异！本帮办亦犹人也，无尺寸长，有忠义气，任劳任怨，无诈无虞。短愿人攻，将弁不妨明告；事如未洽，绅民急宜指陈。切莫以有虚声，便为足恃；更莫因稍尊官制，遇事推崇。从此有济时艰，庶可稍舒众望，若因力微畏怯，语不由衷，在上天断不佑予；若因饷绌吝筹，颇为挠阻，本帮办亦难恕尔。总之，如何战事，一担肩膺；凡有军需，绅民力任。誓师慷慨，定能上感天神；惨淡经营，何难徐销倭焰。合应剀切晓谕，为此示仰军民人等，须知同心戮力，自可转危为安；达变通权，无用专拘小节，不以斯言为河汉，仰各凛遵而无违。”

听着这沉重的告示，周围百姓深受感染，脸上都现出悲愤神色。

等吴彭年将告示放下，交由守护在一旁的军士拿去墙上张贴时，徐骧才拉着吴汤兴上前，与吴彭年打招呼，“季钱先生！”

吴彭年看见是徐骧，高兴地下马，拉着徐骧说：“云贤，刘大帅已回驻府城，正要派人找你呢！”

徐骧拉过吴汤兴，向吴彭年介绍说：“这是我的表哥吴汤兴，字绍文。”

吴彭年连忙作揖：“原来是绍文先生，久仰，久仰！”

吴汤兴慌忙还礼：“久仰，久仰！”

徐骧说：“绍文表哥专程从台北省城赶来，想要谒见刘大帅，询问保台抗日良策，我正陪着他去找刘大帅呢！”

吴彭年笑道：“你不是正忙着筹办喜事吗？怎么有这个闲工夫？”

徐骧正色答道：“有天道，台湾不亡，吾眷可得也；台湾亡，遑问家乎！”

吴彭年赞赏道："好个公而忘私的血性男儿！"

徐骧浩然答道："愿吾血随吾台俱尽，吾头与吾台俱碎！"

第三节　台北沦陷

基隆，天空阴沉，硝烟弥漫。

在基隆炮台的背后，血染征袍的俞明震、杨泗洪率领少数清军，依凭匆促筑成的土垒，顽强地射击着前来进攻的日军。

自从中国被逼割让台湾给日本后，日本便命桦山资政为台湾总督兼军务司令，率领约三万日军，在中国特使正式交割台湾之前的4天，由东距基隆50里的三貂湾澳底登陆，并很快分兵进攻基隆炮台。

一阵炮弹飞来，在基隆炮台前土垒的四周爆炸，硝烟及尘土掩盖了整个上空。

杨泗洪从渐渐消退的烟尘中探出头来，他抹了抹脸上的污秽，连忙去推身旁的将士："快醒醒，敌人要冲过来了！"

烟尘中有几个将士抬起头来，在杨泗洪的指挥下，举枪向外瞄准。

日军炮弹挟着呼啸声，向背后的炮台飞来，引起一阵阵轰隆隆的巨响。

众将士回头看时，只见基隆炮台已被火光和烟尘遮盖，一个士兵惊慌地叫道：“不好了，炮台弹药库被击中了！”

杨泗洪既痛心又愤怒，他一下子拔出腰中的佩剑，大吼一声：“老子和龟孙子们拼了！”就要跃出土垒冲过去。

“杨大人，不好了，俞大人受伤了！”一个士兵跑来报告。

杨泗洪收回佩剑，随着那士兵来到亲赴前敌督战的俞明震身边，只见他满脸是血，一个士兵在为他包扎。杨泗洪忙问：“伤着哪里？”

“弹片擦伤了头皮！”包扎的士兵说。

由于伤痛和惊吓而脸色发白的俞明震，有气无力地对杨泗洪说：“看样子是顶不住了，我们还是撤吧！回去和唐总统商量保卫省城要紧！”

杨泗洪面现犹豫之色，因为他是炮台守将，理应与炮台共存亡，而不该抛弃炮台而去。

“听我的话没错，还是下令撤吧！”俞明震挣扎着站起身子，

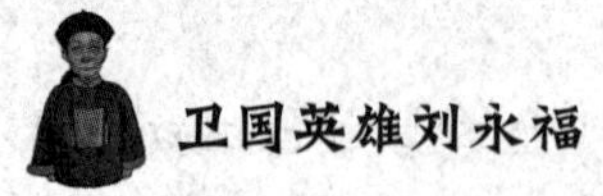

以长官的身份下令。

其他将士也期待地望着杨泗洪。

杨泗洪无可奈何地点点头，沙哑着嗓子说：“听俞方伯的命令，撤吧，撤吧！”

1895 年 6 月 3 日，侵台日军经过数天作战，攻占了基隆，在那里着手筹组殖民地机构——

台北省城。入夜。

城内一片混乱，到处是火光、人声以及时而猛烈时而零落的枪声。满城都是拖儿带女、肩挑手提杂物的逃难百姓。

台北藩库门前。往日严密守护的士兵已经逃散一空。

一身强人打扮的李文魁，右手执着一把大刀，左手高举一支明晃晃的火把，指挥一伙喊着号子的喽啰，用一根巨木撞击藩库大门。厚重结实的藩库大门被撞击得摇摇晃晃地颤抖着，终于，轰隆一声被撞开了。

喜上眉梢的李文魁挥舞着大刀，带头冲了进去，身边的喽啰也跟着一拥而进。当李文魁冲到堆成一座小山似的库银箱子前面时，不禁放声狞笑起来：“这些都是我们的啦！”

两个打头的喽啰自告奋勇地上前搬起一个银箱，用力朝地下一摔，银箱落地后破裂，滚出一堆灰白色的块状金属。一个喽啰饿狗抢食般地扑上去，伸出双手贪婪地抓起其中两块，但马上又像被毒蛇咬手一样叫起来："这是铅锭，不是银子！"

李文魁倒抽了一口冷气："真的是铅锭？"

他身旁的几个喽啰弯腰去捡那些块状金属，很快就异口同声地说："真的是铅锭！"

气急败坏的李文魁指着面前的银箱，发狂似的大喊大叫："给我通通砸开！给我通通砸开！"

在晃动的火把光下，一个个银箱被砸开了，灰白的块状金属撒满一地，一声声失望的哀叹此起彼伏："又是铅锭""又是铅锭"！

李文魁疯了似的破口大骂："狗官，用铅锭换走了银子！"说完，他朝喽啰们挥挥刀子说："走，到巡抚衙门找狗官算账去！"

台北，巡抚官署正门。

大门敞开，里面黑洞洞已空无一人。

打着火把的李文魁领着喽啰蜂拥而进。

李文魁怒容满面地在大厅上的一张椅子上坐下，喝令喽啰："给我搜！里里外外给我搜！"

众喽啰散开，四下里搜寻。

不一会儿，喽啰纷纷回来向李文魁报告："屋里的人都跑光了！"

“妈的！”李文魁恨恨地骂道，“跑得了和尚跑不了庙，老子烧掉龟孙子的老巢！”骂完，就举起火把去烧大厅的幔帐。

众喽啰也各举火把四处放火。

火焰和浓烟蒸腾，吞没了整座官署。

巡抚官署外面。

几十个神情麻木的百姓在呆呆地看着大火。

衣衫褴褛、盔甲不整的杨泗洪和由士兵搀扶着的俞明震来到官署面前。一看到官署着火，俞明震呀地叫了一声，对杨泗洪说：“快叫士兵救火，救出唐总统！”

未待杨泗洪开口指挥将士救火，旁边一个百姓冷冷地说：“唐总统早就在傍晚时带人逃出城了！”

杨泗洪一把拉住那人问：“唐总统朝哪个方向走的？”

那人指指西方：“朝沪尾方向走的。”

“咋办？”杨泗洪回过头来问俞明震。

俞明震微叹了一口气：“追上去吧！”

深夜，台北至沪尾的大路上。

一支近百人的队伍，点着火把在匆匆赶路：他们有的是骑马的军官和幕僚，有的是持刀执仗的士兵，有的是挑着沉重的担子、手上还打着火把、走得汗流浃背的民夫，中间还夹杂着唐景崧及其老母、妻妾等人乘坐的四五顶轿子。

一彪人马从后面急匆匆地追上来。

“唐总统！唐总统！”冲在最前面的俞明震不顾头上的伤痛，大声地叫喊着。

听到这喊声，唐景崧从轿中探出头来，吩咐道：“停一下，停一下！”

队伍遵命停了下来。

俞明震、杨泗洪带着十几个将弁来到唐景崧面前，翻身下马，向唐景崧行礼。

唐景崧欣喜地说：“你们总算赶上来了！”

“大人这是要到哪里去？”俞明震问。

在火把的摇曳不定的光影中，唐景崧的脸上露出红一阵白一阵的尴尬神色，支吾了好久才长叹一声：“日军来势汹汹，基隆和狮球岭已失，守军溃散，大势已去，本院只得往沪尾觅船，遵旨内渡了！”

杨泗洪大惊，抢上前说：“日军虽然初战得手，但我如及时烧毁狮球岭通往省城的铁桥，绝了日军来路，仍可扼守省城。大人或挟辎重退守新竹，由泗洪与俞方伯及台北知县死守省城。纵使省城失守，尚可退往台中；台中告危，再退台南，与刘帮办大军会合，节节与拒，支持数日，总不让日军轻易得逞。即使最后同归于尽，亦义无可辞，总强似这样临阵脱逃，再无面目见台湾父老吧！”

唐景崧十分尴尬，支吾着说：“事已至此，怕是万难挽回了！”

俞明震不觉伤心泪下，激动得猛地跪在唐景崧面前，苦苦劝道：“台湾未自立之前，大人奉旨内渡，辞义严整，无可訾议。今既自主为总统，却闻敌即逃，仅以身免，何以俯答众生？此不可内渡一也。南洋大臣张制军闻大人留台抗日非常之举，为国吐气，已备军火巨万以济急需，文武员弁闻大人言与台湾共存亡，感慕忠义，皆愿效死勿去。即俞某无才，亦出而督战前敌。岂料大人仓皇先遁，此不可内渡二也。台湾粮饷军械尽萃于台北，台南赖此转运，得以坚持。今大人弃而不守，资为敌用，台南孤立，不啻以台北所储攻台南也，又何以答刘军门，此不可内渡三也。”

但是不待俞明震说完，唐景崧已将头缩回轿内，放下轿帘，喝令轿夫抬起快走。当轿夫起步时，唐景崧才悻悻地从轿中传出一句话：“二位如欲内渡，就请跟上一起走吧！”

看着从身旁鱼贯而过的队伍，俞明震浑身冰冷，像被人抽了筋一样软瘫。迟疑了一会儿，他默默地望了一眼杨泗洪，才无精打采地跨上坐骑，缓缓地跟了上去。

杨泗洪脸色惨白，像石人一样呆呆地望着越走越远的队伍，用力地跺了跺脚，像自言自语，又像对身旁的将弁说：“到台南投刘大帅，打倭寇去！”

沪尾港口，深夜。

海边停泊着几艘帆船和轮船，其中一艘轮船的船舷旁，任如芬神色慌张、行动鬼祟地站在黑影里，一双鼠眼骨碌碌地注视着码头顶。

码头顶上，在一盏半明不暗的马灯下，两个哨兵怀中抱着枪，肩并肩地靠在一个哨棚的板壁上，目光半睡不醒。

一阵杂乱的脚步声和马蹄声传来。两个哨兵猛然惊醒，大声喝问：“谁？”

一个抚标亲兵打马上前，气势十足地答道：“中丞大人有要事要乘船。”

两个哨兵被这亲兵的气势震住了，连连俯身赔笑道：“请，请！”

开路的亲兵、牵马的幕僚和军官、从轿中走出来的唐景崧及其家眷，络绎不绝地从哨兵面前走过，跨上任如芬早已准备好等候着的那艘轮船。

当挑着重担的民夫小心翼翼地走下码头的台阶时，杨载云领着几个士兵出来巡夜，看到这番景象，不由喝问：“什么人？干什么的？”

一个哨兵上前报告：“大人，这是巡抚大人的……”

这时，一个挑夫受惊，脚下打滑，脚步踉跄，肩上的担子掉落地上，木箱摔破了，从里滚出一些元宝状的东西。

一个哨兵俯身捡起一锭，马上抬头向杨载云喊道：“大人，这是饷银！”

听闻是饷银，杨载云率领士兵冲过来，拦住滞后的十几个民夫，要他们放下担子，开箱检查。

已走上轮船的唐景崧发现码头上的动静，悄悄吩咐任如芬带上几个亲兵上去察看。

挑夫遵从杨载云的命令，撬开了几只箱子，发现里面装的都是饷银。杨载云气得脸色都变了，吩咐哨兵把这些挑夫同银箱押回兵营去。

“且慢！”任如芬赶来了，“这是中丞大人的家私细软，你们不能乱动！”

“中丞大人的家私细软？”杨载云望着任如芬轻蔑地说，“日军快要来了，中丞大人就携带饷银先遁。可我们当兵的已有三个月没有关饷了，你要我们留下等死呀！”

任如芬盛气凌人地上前推开杨载云：“大胆，中丞大人的东西也敢乱动？”说着，转脸喝令民夫，“赶快把担子挑下船！”

杨载云并不与任如芬争执，而是领着士兵向后退去。

任如芬得意地奸笑，催促挑夫收拾担子，送下轮船。

突然，炮台上燃起两眼探照灯，将码头及海边得雪亮。这耀眼的灯光，使人们一下子惊呆了，心头都掠过一种不祥的预感。

炮台上伸出杨载云的脑袋，他洪亮的声音响彻海港的夜空:“把饷银放下，把饷银放下！否则我们将要开炮，将要开炮！”

在轮船上的唐景崧脸色灰白，恨恨地在甲板上跺跺脚，沮丧地吩咐：“留下吧，留下吧！”

炮台上的将士，看着挑夫撂下担子，杨载云苦涩地笑了。他对聚集而来的将弁说：“你们去把下面的饷银运上来分了，愿意回家的就回家，愿意留下打日本的就跟我去台南投刘大帅！”

第四节　台南拒降

台南府城，台湾镇总兵官署签押房。

刘永福和吴彭年、徐骧、吴汤兴等幕僚将弁，刚刚听完杨泗洪、杨载云关于台北失守的叙述。

“可惜了！全台精兵良将，饷银械药尽集于台北，唐薇卿闻敌即逃，不能久守，拱手让敌，实是台湾的罪人！”刘永福愤愤地说。

杨泗洪、杨载云齐声道：“还望大帅筹划良策，早日收复台北。”

刘永福说：“该走的都走了，留下的自然不会坐视敌寇猖狂。现在日军所得，不过是台北一府城，二县治，西不尽海，东不入山，北不尽宜兰，南不出新竹城，而我尚有台南，台中二府八县及台东一州，台南，台中循海之民咸愿听命。日军在台北为所欲为，乡民到处为梗，而本国又有俄罗斯、德意志、法兰西三国逼迫，胁退辽东，日本兵船不敢出，进退维谷，只要我等兵民同心，众志成城，不难驱除，收复失地！”转脸向吴彭年说：“季钱，前天嘱你去函联络台中的吴总镇、黎知府、林观察、丘主事，不知可有发出？”

吴彭年答：“已经派快马发去！”

刘永福对杨泗洪、杨载云说：“且待台中复函再定联合进兵办法！”

正议论间，一个亲兵来报：“大帅，台南英领事欧思讷来见！”

刘永福点了点头。亲兵出去，不一会儿，就领着英领事和一个四十岁上下的中年男子进来。“哈罗！”欧思纳用西方礼节向刘永福打招呼。

“欧领事，不知有何见教？”刘永福有点纳闷，在这军情万紧的时刻，这个外国领事上门来有什么事呢？

欧思纳打开手上拿着的皮包，从里面掏出一封信说：“这是英舰交来日舰托它转交给刘将军的信。”说完递给刘永福，“对方等着复信呢。”

吴彭年从旁边接过信，要转呈刘永福。刘永福没接，只是轻蔑地看了一眼。

在众人的怒视之下，吴彭年拆开信念道：“大日本国台湾总督海军大将子爵桦山资纪呈书刘君永福足下：自从去岁中日构难，已于今年三月订立和约，台湾全岛并澎湖列岛咸为大清皇帝所割让。本总督乃开府台北，整理政务。闻足下尚据台南，独以无援之军把守边陬之地，大势之不可为，不待智者而可知矣。

“足下才雄名高，能明事理，精通万国公法，然而背戾大清国皇帝之圣旨，徒学顽愚之为，本总督窃为足下惜焉！若能体大清国皇帝圣旨之所在，速戢兵戈，使民庶安堵，则本总督特奏大日本国皇帝，待以将礼，送还清国，各部将卒亦当宥恕其罪，遣还原籍。本总督稔闻足下之声名也尚矣，故豫布腹心，告以顺逆之理，取舍惟足下之所择，足下请审计云。不宣。”

刘永福冷笑：“小鬼子想得倒好，以为用一封书信，几句鬼话就能吓倒我，乖乖地退出台南，这真是白日做梦！季钱，准备纸笔，给小鬼子回信。”

吴彭年答应一声，就走到屋旁的桌子上摊开信笺，磨浓墨汁，提笔在手，静待刘永福的吩咐。

刘永福想了一下，说：“小鬼子在开头铺陈它的战绩，本镇并未目睹，一概不予理睬，倒是要数落一下它侵我国家，占我土地的罪行。”

吴彭年挥笔奋书，并抑扬顿挫地念道：“大清国钦差帮办台湾防务、记名提督军门、闽粤南澳总镇府、依博德恩巴图鲁刘永福，复书大日本国海军大将子爵桦山氏阁下：

“接阅来书，甚承奖誉。惟所言战事，语多不熟，今诚为足下视缕言之。窃维我大清皇帝圣圣相承，数百年来，仁政覃敷，咸被中外。当今皇帝，尤以柔远为怀，故尝遣使各国，结联邻好。至于贵国，同隶亚洲之土，共为唇齿之邦，讲信修睦，久载盟府，宜乎休戚与共，永远勿渝，庶不为他国所窃笑也。不意贵国背盟负义，弃好寻仇，无端而夺我藩封，无端而侵我边境，当是时，中国民臣人人切齿，咸欲灭此朝食，以张我朝廷挞伐之威。”

“好！”刘永福点头。“闻说小鬼子占据台北后，没少干坏事，你代我狠狠骂他几句！”

吴彭年边写边念：“今四月，我大清皇帝不忍生灵涂炭，乃复大度包容，重修旧好。乃贵国不体我皇上爱民至意，占据台北，纵容兵卒，杀戮焚掳，无所不至，且有准借妇女之示。嗟呼！生民何遭此荼毒！足见贵国日嗜杀人，上干天怒，而足下不悟，反以余背戾大清国皇帝之圣旨，来相诘责，甚矣！何见理之不明也！”

刘永福说：“再告诉小鬼子，本镇感念台民忠义，代中国保守台湾，绝不轻易放弃。他们有本事就在战场上相见，一决雌雄！”

吴彭年边写边念：“台湾隶我中国二百余年矣。先皇帝缔造之初，不知若何经营，若何教养，始得化蛮夷之俗为礼义之乡。余奉命驻防台湾，当与台湾共存亡；一旦委而弃之，将何以对我先皇帝于地下。况台南百姓遮道攀辕，涕泣请命，余既不敢忘效死勿去之心，又何忍视黎庶沉沦之苦？爰整甲兵，保此人民，成败利钝，在所不计。台南一隅，虽属褊小，而余所部数十营，均系临阵敢死之士，兼有义民数万众，饮血枕戈，誓死前敌。粮饷既足，军械胥精，内不虞竭，外不待援，窃以为天之不忘台湾，虽妇竖亦知其然矣。”

“讲得好，讲得痛快！说出了我们的心里话！”杨泗洪听得高兴，不禁喊出声来。

刘永福也赞许地点头：“这信尾还要加几句，扎扎实实地教训小鬼子。”

吴彭年憋足劲头说：“这几句我早就想好了。足下总督全师，为一国之大将，长才卓识，超迈异常，何不上儆天时，下揆民心，憬然觉悟，及早改图，将台北地方全行退出？不惟台民感戴不忘，即外洋各国亦必以足下为能审事机，知进退。否则，余将亲督将士，克日进征，恢复台北，还之我朝。恐彼时足下进退维谷，反获不仁不智之名！与其后悔，曷不早图？或从或违，悉请尊酌。即此顺复不宣。”

“中国有你们这些忠义之士，台湾一定能够保存！”欧思纳钦佩地竖起大拇指。

刘永福也十分兴奋：“季钱，把信封好，就由欧领事代为转交日舰吧！”

把欧思纳送走后，刘永福和众人回到签押房，这才发现，刚才与欧思纳同来的那个中年人还留在房里没走。

吴彭年感到奇怪，上前问道：“先生不是跟欧领事同来的吗？”

那中年人笑了：“鄙人姓易，名顺鼎，字实甫，受刘岘帅差遣，前来台南与刘军门会商要事，适才不过刚巧与欧领事同路罢了——”

“刘岘帅，是不是节制东征前敌诸军的钦差大臣刘岘帅？”一听到这熟悉的名字，刘永福忙过来问。刘坤一，字岘庄，湖南新宁人。湘军宿将，时任两江总督，节制东征前敌诸军的钦差大臣，当初力荐刘永福帮办台湾防备的大臣之一，人称刘岘帅。

“正是！”那中年人答道。

“刘岘帅派人来了！”杨泗洪、杨载云等人兴奋地传语着。

“易先生此来有何见教？”刘永福强压满心高兴，开口问起正事来。

易顺鼎答道：“刘岘帅要鄙人转告刘军门，坤一不才，犹愿张臂一呼，远为同声之应。此后于遵处之事，但属力所能至，无不尽力而为。总期休戚相关，始终不负而已。”

刘永福和众人闻言，激动不已。

易顺鼎说：“鄙人路过山东时，李鉴帅也托鄙人转告刘军门：中日和约订后，日本人轻视中国极矣，军门如能出死力以相搏，损彼必多，正足见我有人，且可见我之土地之不易得，人心之尚团结。”李秉衡，字鉴庄，中法战争时任广西按察使、护理广西巡抚，因此与刘永福认识。后升任山东巡抚。人称李鉴帅。

刘永福连连点头。

易顺鼎继续说："鄙人路过上海时，还拜谒了张香帅——"

"你还见过张香帅？张香帅对本镇有何见教？"刘永福急不可遏地问。张之洞，字香涛。中法战争时任两广总督。刘永福从越南回归，云南、广西两省都不愿接收他，是张之洞把他接到广东，并向朝廷推荐他为总兵官。所以两人关系不同寻常。中日战争时，张之洞由湖广总督调署两江总督，人称张香帅。

"张香帅要鄙人转知军门，转准驻俄许公使电称，俄国已认台自主，问黑旗尚在否？究竟能支两月否？似此外援已结，速宜将此事遍谕军民，死守勿去，不日救兵即至也！沪上已准备大批饷械援应台湾。"

刘永福不觉热泪盈眶，激动地说："这下台湾有救了！台民有救了！"

众人闻言，不禁欢呼雀跃。

刘永福高兴地吩咐吴彭年："快把张香帅传来的喜讯写成告示，遍谕军民！"

吴彭年答应了，转身要和众人张罗纸张笔墨。刘永福又将他拦住："告示写好后，你先带易先生到白龙庵安歇！"

第五节　拒当总统

台南。白龙庵的一间雅致客房。

吴彭年指挥两个仆人在收拾房子。

易顺鼎伫立窗前沉思。易顺鼎，字实甫，湖南龙阳人。中举后纳赀为道员，中日战起后，以二品顶戴按察使衔丁忧河南候补道的身份，入刘坤一幕中。得知刘永福在台南坚持抗日，不但多次建议刘坤一支持刘永福的行动，还请求刘坤一派他做使者，实地了解台南抗日情况，看看能不能给予帮助。刘坤一再三挽留不得，才同意他赴台南一行。

房子收拾好了，吴彭年向易顺鼎告辞：“易先生，你安歇吧！我们走啦！”

易顺鼎回过身来，笑着对吴彭年说：“季钱，你我一见如故，相知恨晚，长夜难眠，不如秉烛夜谈，不知意下如何？”

吴彭年知道易顺鼎还有事商量，于是示意两个仆人退出，然后对易顺鼎说：“季钱遵命陪伴先生夜话！”

易顺鼎待吴彭年坐下后才说：“本来，张香帅已要我转告刘军门一件重要的事情，但我怕交浅言深，过于唐突，所以话到嘴边又缩了回来，最好先与你商酌妥当。”

吴彭年来了兴趣：“不知张香帅还有什么事？”

易顺鼎字斟句酌地说：“张香帅希望刘军门能继任台湾民主国总统！”

果然，吴彭年感到这个问题提得太突兀，一时也不知如何是好。

易顺鼎看出吴彭年的疑惑，解释道：“张香帅以为，一则朝廷既与日和，军门为国家镇臣，尚称戈拒敌，是谓逆命，名不正则事不成。宜称民选总统，败则为田横，而无累朝廷，胜则为郑成功，长为国家藩属，则名正言顺了；一则唐中丞任总统时，曾遍告各国，求为外援，军门继任总统后，宜于沪上聘用熟悉洋文之员，电致各国，告以前总统出奔，后总统犹任，请一律保护，以商务、矿务酬其劳，各国久仰盛名，贺电必至，则外援固矣！”

吴彭年摇头：“我恐刘大帅不能从命！”

易顺鼎大感诧异：“刘军门为何不能从命？”

吴彭年说：“刘大帅心怀中华，爱国情热，有蹈死之志，无背叛之心。如要他背弃中朝，自成一国，他是宁死也不从的。”

易顺鼎说：“如刘军门不任总统，则台湾不能自成一国，各国就不便出面相助，胁逼日本，于保台抗日不利。”

吴彭年不以为然：“刘大帅昔日在越南时，曾与法兵拒战十余年之久，枪林弹雨，出生入死，深知洋人虎狼其性，觊觎中华，并不可靠，中国的事情终须中国人自己去做，不能借助洋人。否则，前门驱狼，后门进虎，反遭其害。”

易顺鼎说：“即使不求外援，刘军门要号召全台民众，亦须有总统的名义才成！”

吴彭年苦笑：“先生如执意要劝刘大帅继任总统，过几天不妨一试，不过，如想成事，最好先耆绅们商议，一齐劝说才好！”

易顺鼎点头：“对，这主意不错！”

台南府城，通往总兵府的大路上。

郑清双手虔诚地捧着一个托盘，托盘上放着一个印盒，一封信函，与几个耆绅领着一大群百姓，向总兵府慢慢走来。走到总兵府前，众百姓停下，郑清和几个耆绅走上台阶，向守门的亲兵说道：“烦劳总爷通报，台南四县百姓代表求见刘大帅！”

守门亲兵慌忙入内通报。不一会儿，刘永福与易顺鼎、吴彭年、徐骧和杨泗洪等一班幕僚将弁迎了出来，把郑清等人带进签押房。

一进门，郑清就深深向刘永福作揖："求刘大帅救救台湾和台湾百姓！"

众绅耆也跟着向刘永福作揖，齐声说："求刘大帅救救台湾和台湾省百姓！"

刘永福慌忙还礼："本镇誓与台湾共始终，台存则我存，台亡则我亡，决不弃百姓而自生也，将以一死报台湾百姓！"

郑清拿起托盘上的那封信函对刘永福说："小的几个受台南四县百姓托付，前来恳请刘大帅继任台湾民主国总统，好号令全台兵民，共抗倭寇！"说着，他打开信封，拿出信纸念起来：

"台南绅民等谨禀钧座，敬禀者：窃我台湾隶大清版图已历二百余年，食毛践土，感戴皇仁。此次日人无端肇衅，要割台湾，苛政暴行，得未曾有。是以天怒人怨，台民同声一哭，义不事仇，愿以干戈相向，誓与土地共存亡。际此敌忾同仇，众志成城，何难乘时规复，第以事绪纷繁，自应立贤主持，现唐前总统已然内渡，需人继任。夫为非常之事，必得非常之人，有非常之人，而后能建非常之功。刘大将军镇守台南，兵精将勇，防守周密，器械鲜明，屹不为动，此殆天之宥我下民，解其倒悬之急，以转旋台湾这乾坤也！询谋佥同，举奉刘大将军为台湾民主国总统，以与兵民合力共谋，同心同德，扫平倭寇，固我疆国。敬上印绥，文曰：

台湾民主国总统之章。凡国中所有一切新政军机，恪遵承办，罔敢异心。从此雄峙东南，做中流之砥柱，开万世之金汤，共庆升平，台民幸甚，天下亦幸甚。亟应联名禀请鉴察，恩准俯从众议，以慰士庶之心，而泄普天之恨。临禀勿任切恳叩祷之至！”

刘永福听罢，却连连摇手，不肯接受：“本镇奉旨帮办台防，台湾安危，一担肩膺，在台一日，则当尽力一日，效命疆场，肝脑涂地，在所不辞！但本镇生为中国人，做的中国官，一切只听中国号令，要我背弃祖宗，自立岛国，却万万不能从命！”

郑清一听，泪流满面，一下子跪在刘永福面前，苦苦哀求：“万望刘大帅俯从民愿，继任总统，拯救台民出水火。”

众绅耆见状，也跟在郑清后面跪下：“万望刘大帅俯从民愿，继任总统！”

刘永福也对着众人跪下说：“抗日保台，乃我本分，粉身碎骨，在所不惜。唯有继任总统一事，却实在不能遵从！”

双方僵持不下。

易顺鼎上前扶起刘永福，吴彭年和其他人扶起郑清等诸绅耆。

易顺鼎说：“百姓之意，本欲将军主持全台防务，继任总统只是个名义，将军既不愿意，可否改称总裁、盟主或会主什么的。”

“那就叫盟主吧！”刘永福说，“这样叫，既没有背离中华的嫌疑，又同样可以号令全台。”

郑清等人意态迟疑。

“本镇绝不敢妄冀非分，只期台疆克复，仍做中国之民，如果绅民不能见信，则愿盟誓于天，以明我志！”刘永福说。

“我等皆愿随大帅盟誓明志！”众人应道。

台南府城校场。

校场正中，筑起一个五尺高台，台上高插大清龙旗。高台中间摆着一张长方形木桌，桌上成两排斟满了二十个酒碗，旁边还放着笔墨纸张等。刘永福和易顺鼎、吴彭年等幕僚将弁站在台下。台下，宽阔的空地上，里面一层是围成数行的数千将士，外边则是密密层层的民众。

易顺鼎看看日影，然后对着台下人群朗声宣布。“吉时已到，盟誓开始！”台下应声锣鼓齐鸣，并响一连串清脆响亮的鞭炮声。

吴彭年上前一步，摊开手中的誓词，高声朗读起来：“盖闻天地所存，惟有正气，鬼神是鉴，亦重同心。永福承天子命，帮办台防，闻和议已成，遂终朝陨泣。呜呼，为大清之臣，守大清之地，分内事也，万死不辞，一时千载，纵使片土之剩，一线之延，亦应保全，不令倭得。永福为倡同人而立大誓，如有公忠体国，即来歃血联盟，甘苦势必同尝，生死有所不计。神明鉴察，鉴我隐衷，斧钺森森，因人发伏。列明誓款，断不勉强。人为苦热心香，惟有开诚告白。凡有同志，继署芳名。即看灭倭，齐抒伟迹，永福沐谨告。”

海姑、郑清等夹在人群之中，神色庄严，在认真谛听。

吴彭年念完盟约，把它摊开放在桌上。

刘永福走近桌边，豪迈地端起一碗酒，大声说：“我刘某在台，不要钱，不要命，不要官，但愿与将士绅民同甘共苦，并愿我将士绅民同心戮力，宁可与倭寇力战而死，不可被倭寇残害而死！”说完，他把酒一口喝干。然后提起笔在盟约的空白处写下并不工整的三个字：刘永福。

接着，吴彭年也说：“我盟誓！”并喝酒，签名。接着是杨泗洪、徐骧、吴汤兴、易顺鼎等人先后上前盟誓，喝酒、签名。台下的锣鼓和鞭炮声响得更加猛烈。

第六节　顺鼎划策

刘永福认为既然大家已经盟誓，就成了可以托付生死的兄弟了，就应该把自己对在台南抗日的一些想法说出来，征求大家的意见，群策群力，把事情做好，于是，在当天夜晚，他就派人去把易顺鼎请到自己的卧室来。

易顺鼎一进刘永福的卧室，就发现平时喜欢短衣打扮的刘永福，今天晚上却是一身长衫长裤，而且神情严肃。卧室里并有十几个大汉在警卫，气氛十分沉重，心里不觉一愣。为了活跃气氛，易顺鼎指着环绕卧床的几只刘永福的爱犬说："我在内地时就听人传说，说渊翁的爱犬也能上阵杀敌。"

果然，刘永福听到这种说法，觉得十分高兴，原来有点紧绷的心情不觉就放松了，一边招呼易顺鼎坐，一边说道："实甫先生说笑了，哪有那么神奇。如真是爱犬也能上阵杀敌，我就没有那么多烦恼了！"

易顺鼎觉得奇怪：“现在整个台南的军民都聚拢在渊翁身边，同心协力杀敌，还有什么烦恼呢？”

刘永福苦起脸：“正是因为台南的军民都聚拢在一起，才会有这么多烦恼！”

易顺鼎问：“此话怎讲？

刘永福侃侃说道：“我在越南时，手下的几千将士分为各营，各有统属和地盘。平时各收各税，各养各兵。我也是自己收税，供养属下的亲兵等几个营千余人就行了。归国以后，手下的兵将成了朝廷的人，由朝廷发给饷械，完全不用我操心。可现在……”

“现在怎样？”

刘永福看了易顺鼎一眼，反问道：“你知道现在台南有多少兵吗？”

易顺鼎摇摇头：“我初来乍到，什么情况都还没有搞清楚呢？”

刘永福说：“整个台南共有60余营约2万士兵，差不多是我率领过的士兵的10倍！”

易顺鼎：“兵多不好吗？打倭寇不是更有把握吗？怎么还烦恼呢？”

刘永福说：“你说的就是外行话了，当将领的都知道，真的要打胜仗，讲究的是兵在精而不在多。你知道要供养60多营兵士每月要多少粮饷吗？”

“多少”

“单是饷银每月就要 10 万两，还不算军粮呢！你知道台南的库银还有多少？就 10 余万两，刚够发 1 个月的饷银！发完了我还不知道到哪里去筹饷银呢！”

“那怎么办？”

刘永福皱起眉头：“台南原设有台湾道，例兼营务处，驻军的粮饷由上面发来后，交他发给各营，根本不需领兵将领操心。可是现在台湾道已经内渡，没人负责筹饷银了，朝廷又不再发给粮饷。我从未遇到过这样的事情，真不知怎样办好！”

易顺鼎恍然大悟：“这个我倒没有想过。”

刘永福期待地望着易顺鼎说：“实甫先生久随刘岘帅，见多识广，还望可以教我！”

易顺鼎说：“刘岘帅、张香帅等督抚不是答应设法支援粮饷军械吗？”

刘永福说：“闽督将军尚肯月月接济不辍，但都不是很多！各省督抚大人虽然都看重永福，但近日听说朝廷已有旨意，不许内地再接济台湾，就怕到时各督抚大人为难！不知舍此之外，实甫先生还有什么良策可救目前危急？”

易顺鼎沉思了一下说：“寻常办法一个是盘点库存，把官府的库存统统查清，看看究竟有多少能充饷银的。”

刘永福说：“这个办法，手下人早就做了。刚才说的库银10余万两，就是从道库、府库、支应局搜到的，杯水车薪啊！”

易顺鼎说：“那就向台南的富户劝捐，也能得点。”

刘永福摇头：“向富户劝捐倒是个办法，可惜的是台南的富户本来就不多，战事不利之后，不少人还逃向内地，能劝到的捐款也不会有多少。”

易顺鼎说：“您刚才说到在越南时曾设关收税，在台南也可以试试。”

刘永福若有所思地点点头：“这个倒可一试，只怕战乱时节，台南的贸易萎缩，收不到多少税！”

易顺鼎说：“还可以向台南的洋行借钱。”

刘永福说：“如果台南的贸易萎缩，那么台南的洋行也不会有多少钱借出。”

易顺鼎说：“这也不行，那也不行，看来事情是有点棘手！”

刘永福说：“事情是棘手，所以还望实甫先生教我！”

易顺鼎说：“容我回去好好想想。”

尽管这样，易顺鼎提出的办法对于正为筹款问题弄得焦头烂额的刘永福不少的帮助，使刘永福对他产生极大的好感。加上易顺鼎本身就有候补道的功名在身，于是刘永福就想让他代理台湾道，以便帮助自己处理一些烦琐的行政事务。但又担心易顺鼎是家有丧事的丁忧人员，不一定肯接受。所以就由吴彭年去劝说易顺鼎。

于是，一天，吴彭年在与易顺鼎晤谈时，就转达了刘永福的意思，并强调台南许多百姓也对易顺鼎有好感，希望易顺鼎答应，“移孝作忠，匡彼不逮”。并转上台南团练局绅士恳求易顺鼎代理台湾道的信函：“观察易，沅湘望族，戎马书生，儒将家风，孝廉旧业。昨奉刘岘帅之命，不辞险阻，远涉沧溟，视萎靡退缩者相去霄壤。倘权道篆，措之裕如。虽现丁内艰，服犹未阕，敢援古人金革不避之义，墨垤视事，共维危局。夫岁寒知松柏，不遇困顿，不足以觇才节。值兹事变非常，枕戈待旦，击楫渡江，挽狂澜于既倒，植中流之砥柱，本我钦宪之所深期，亦易观察所不得辞也！”按照清朝制度，官员家中如有父母去世等丧事，需停职回家守孝三年，谓之丁忧。如未到时间就出来任职，则需要朝廷特别颁布相关“夺情”旨意才行，否则就是违制。易顺鼎果然以“未终丧，未奉朝命”为由，拒绝署理台湾道的请求。

由于没能特色到一个合适的人选署理台湾道，就使得刘永福被迫陷于筹备粮饷的各种琐事中，而不能集中全力筹划抗日战事，不能在局势紧急时丢下后方的一大摊杂事亲临前敌指挥作战，这无疑会给日后的战争带来极大的困难。后来，易顺鼎对自己没能担任台湾道一事表示了悔意：“有人说我不应该拘泥守丧尽孝的礼文，坚辞道篆。否则，如果能与刘永福共同治理台南，分任战守，台南的抗日事业应当不至如此结局。”

易顺鼎坚辞道篆①后，他和刘永福的关系就起了隔阂，刘永福不能像以前那样事事与他商量，办起事来就觉得不大顺手。幸好过了不久，刘永福部下一个营官带着一个文士打扮的中年人来见。此人姓吴，名质卿，号桐林，四川蜀南人，出身世袭云骑尉，本人有个知县功名在身。闻知刘永福在台南抗日，特地从内地赶来投效。两人相谈甚欢。刘永福大喜道：“我留在台湾，非有你不可，今得先生，是天助我也！”立刻叫人取来吴桐林的行李，延聘入幕办理文案。

当吴桐林知道刘永福为筹饷事焦急，他得空就走访了台南的洋行、海关、领事馆等，最后，拟定了一些办法，才来禀报刘永福。吴桐林提出三个筹饷办法：设台南官银钱总局，发行“护理台南府正堂”的台南官银票，暂停征收饷银。刘永福命安平县知

① 道篆：州府长官的任命。

县兼摄台南知府忠满印行面额为“壹大员”“伍大员”“十大员”三种银票，向各商户借款筹饷时应用。台南府城划分为五个区，每区置若干委员负责筹饷事宜。

台南官银票用木刻版以蓝色印刷，纸张采用薄绵纸，票长24点5厘米，宽12点5厘米，票的四周花纹，采用松竹梅“岁寒三友”的图案，其意乃黑旗军和各地义军以及绅士在严峻的局势下，协力同心，卫国保民。银票上端横书两行“台南”“官银票”五字，中间直印“凭票支付库平银拾大员（员即元，每元作库平银七钱三分，也即当时台湾自铸银元壹元。下同）照”，伍元者书“伍大员”，壹元者书“壹大员”。其右直印“护理台南府正堂忠给”，其左印有“光绪××年×月×日×字×号”字样。为慎重和防伪之计，左边骑缝处有“元字列第×号勘合”字样。此票所盖的关防钤章共六颗，第一颗是盖在正中上端的“帮办台湾防务闽粤南澳镇总兵之关防”，但也有盖“镇守建台湾总兵官之关防”。第二颗是盖在正中下端的“台南府印”方章，以汉文与满文合于一印，寓有民族团结共同外御的意义。这两颗是台南军政的钤印。第三颗是斜盖在右边上端骑缝章“台南府局务员关防”。第四颗是在其下平行斜盖的“台南府城官银钱票局董事之钤”。这是发行单位盖在正票和存根处的骑缝图章。第五颗章戳加盖在右侧上端“不法棍徒，行用假票，军法究治”，说明银元票作为战时军用货币，法治甚严。第六颗章在左侧上端“此票准照现银通用，不论官项私款、钱粮关税、典铺盐馆、行商贸易以及兵粮军饷、洋关洋行，一概当银支取，奉宪示谕颁给遵行”。台南官银票以《千字文》的天、地、玄、黄、宇、宙、洪、荒等为编号字列，每一字列自一号至一千号。此票最早的发行日期书“光绪廿一年六月初十日（公元 1895 年 7 月 31 日）”。

“护理台南府正堂忠”发放的台南银票，是交给捐款的商户收执通用的。

第二种台南官银票系“官银钱票总局”发行的银元票，由士绅花明德办理，隶属巡防总局。此票的纸张有厚绵纸、薄绵纸和厚白毛边纸等，面值亦分一元、五元、十元三种。除发行机构由“护理台南府正堂忠”改为“官银钱票总局”外，其他不同之处尚有：1. 中央上端的主印，改为“镇守福建台湾总兵官之关防”。2. “护理台南府正堂忠”银票只有右边骑缝，而“官银钱票总局”银票左右两边都有。3. “官银钱票总局”多一颗虎形章。4. 票的大小，一般为长 24.7 厘米，宽 13.2 厘米。此票最早的签发日期为“六月十九日”，最迟的签发日期为“七月十七日”。在一个多月时间里，发行了两种台南官银票，可见当时军情紧急与需款甚殷。

此外，“官银钱票总局”还改行过清钱500文的官银钱票。

据说，利用改行钱票的办法，刘永福等大概筹得25万多元，但由于缺乏信用基础，很快就被洋行带头拒用，市面因而大乱。

吴桐林建议采取的第二种筹款办法是发行邮票。据说是吴桐林走访台南洋关税务司麦嘉乐时，麦嘉乐建议设“官邮政局”发行邮票的，由税务司兼办。这些邮票直径约一寸，分为蓝、黄、红三色，面额分30文、50文、100文三种，票面印一只老虎。人们寄信都要巾邮票，由士兵送信。据说，利用改行邮票的办法，刘永福等大概筹得5000多元。

吴桐林建议采取的第二种筹款办法是设立安全公司，发行公债，分一两、五两、十两三种，也约定战争胜利后，以四倍返还。

刘永福还推荐吴桐林署理凤山县事，以整理凤山盐厘。吴桐林开始时持推辞态度，后来闻知凤山盐商富庶，就对刘永福说:“不如干脆改署理为筹饷！”得到刘永福的同意后，吴桐林就动身去凤山县，经过对凤山盐商的苦心劝说，吴桐林很快就筹集到11万多元，得以暂济军需。

利用吴桐林建议的办法，虽然筹得部分银款，使得台南的抗日战争得以由原来的两个月延长到五个月，但毕竟是杯水车薪，没能支持整个战争到最后胜利。

第五章 人心向背，壮士殉国

第一节 汤兴蒙冤

在台南参加了刘永福的盟誓大会后，吴汤兴和徐骧肩负刘永福托付联络台北府和台中府抗日军民共同对敌的任务，回到了家乡台中府。这时，他们才发现，台中的形势已经发生了很大的变化。

原来，得到朝廷的内渡命令后，台湾镇总兵吴光亮、台中府知府孙传衮等都纷纷遵旨内渡，唐景崧则在临走前委任黎景嵩署理台中知府。黎景嵩，字伯鄂。长期在福建任职，做过马巷通判、基隆厅等职。为人尤喜轻财帛、尚气节，经济优长，复工吟咏。此次署理台中知府是在其他官员纷纷内渡之后，但仍毅然以力保危局为己任，从容受篆[①]，激励士卒，勖以忠义。遂使士气已疲还复伸，军威稍减而复振，算是一个临危不惧，勇于抗日的爱国官员。只是自视甚高，有点刚愎自用。

黎景嵩初到台中，对台中情况可谓两眼一摸黑，特别是手下

① 受篆：接受任命。

没有得力的人可用，心里正在焦急，看到吴汤兴和徐骧来谒，当然十分高兴。接见交谈起来，知道两人是抗日义士，更是如获至宝，谈得十分投机。只是听到两人绘声绘色地描述台南的盟誓大会及众人共同拥戴刘永福为盟主时，心里有点儿不以为然，心想："刘永福一介武夫，到台湾未久，声望未彰，还不如自己呢！由他当盟主还不如由自己当盟主！"由于存有这种想法，所以当吴徐二人提到台南台中联盟，以刘永福为主，黎景嵩为辅，共襄抗日大计时，黎景嵩就没有马上表态，而是推说台中现在百废待举，寸功未立，贸然与台南结盟未免面子上过不去。因而主张早日组织台中的抗日部队，与倭寇打上几仗。有了战功，再讨论与台南合作的事情。吴徐二人也是杀敌心切，早就想真刀真枪和日本人开仗，于是双方一拍即合。决定由吴徐二人马上着手招募队伍。黎景嵩还派人叫来苗栗知县李全，当面商讨如何筹集兵粮军饷，初步议定：开设筹防局主持招募部队事，为了鼓励士气，争取初战得胜，答应吴徐二人招募的部队每人每月发军饷 12 元，这是很高的薪水了，因为当时清军士兵的薪水是每月 4 元左右。

由于得到黎景嵩的大力支持，吴汤兴和徐骧很快就招募到 6 营约 3000 人，名为新苗军。这里，杨载云来到台中，黎景嵩也命他招募到 4 营约 2000 人，名为新楚军。两军共约 5000 人。于是，黎景嵩集众列营，祭旗誓师。吴汤兴第二天并发布告示，宣称抗日义军“尽属天朝赤子，誓不向夷”！接着率军北上，与活跃在台北的台北义军会合，或以堂堂之阵，或以暗袭之兵利用各种办法截击从台北南下新竹的日军近卫师团的先头部队。一次，甚至将日军的一个中队围困在大湖口，两天后才被日军突围出去。

日军近卫师团闻报后，派出大部队南下，一路击退义军的抵抗，占领了新竹县城。但抗日义军并没有因而溃退，反而采取游击战术，不断乘隙进攻日军。但日军近卫师团毕竟装备精良，士兵素质较高，他们及时调整战术，除了逐个消灭台北的抗日义军，并再次击败前来进攻的新楚军和新苗军。然后集中主力南下作战，台中抗日义军面临沉重的压力。

当日军逼近的危急时候，台中义军却发生了内讧。原来，以前黎景嵩允许苗栗县将所征收的钱粮供给吴汤兴的新苗军，必然会影响到县里的日常开支和运作。如果新苗军总是打胜仗，那一切都可忍受。但现在却打败了，相应地，县里的供给就不那么容易得到了。但军情急如星火，后勤供应不上，可是会影响战事的。吴汤兴多次向县里索取，但县里都不给，只得拿着粮串自行向百姓征收。苗栗知县李全对此十分不满，于是向黎景嵩告状，“以吴汤兴徒博虚名，全无实际，所收饷多为中饱，以前各军攻打胜仗，都是徐骧出的力，而吴汤兴冒为己功，详报上宪。”李全另保粤人富户黄南球甚洽众望，可为诸军统领，请黎景嵩收回吴汤兴的“统领关防”。而吴汤兴也向黎景嵩上书反映李全的短处，请黎景嵩撤换李全。双方这样公说公有理，婆说婆有理，黎景嵩无法处理，只好叫苗栗绅士劝和，但没成功。

吴汤兴和李全又把官司打到台南刘永福处，刘永福正发愁无法和台中联系，没有理由出兵援助台中，于是想借机兵援台中，就回电表示，要派人到台中处理此事。

当刘永福与众人商讨由谁带兵前去援助台中时，原来坚决辞去台湾道职务的易顺鼎却出人意料之外地积极起来，自告奋勇要带队去援救台中，并夸下海口：“愿统一军往援，兼谋恢复台北。”即他此去不但援救台中，还要收复台北。刘永福听到这话当然很高兴，当即定议拨3营士兵给易顺鼎统领，而以吴彭年为营务处，襄助一切。刘永福很快就给易顺鼎送来任命照会和统兵关防。其任命照会称：“钦命帮办台湾防务、统领福军、闽粤南澳总镇、依博德恩巴图鲁刘为照会事：为照台北基隆已被倭人占据，亟应前往收复。本帮办镇守台南，地方紧要，不能分身。兹适有贵道奉差来南，自愿驰往中路，督率各营，相机进剿。应拨镇海中军副营、福字先锋左营、道标卫队营共三营，先归统领。并照送关防一颗，文曰：统领福字先锋左营、镇海中军副营、道标卫队营关防，相应备文照送。”从这份照会来看，刘永福对于首次派兵驰援台中，是何等的郑重其事。而其给易顺鼎率领的军队中有“道标卫队营”，这是专门为台湾道做警卫的军队，配给易顺鼎率领，是否有让易顺鼎带出感情后，愿意接受台湾道职务的意思？

易顺鼎接过照会后，立即与吴彭年商量进兵台中的事宜：“拟定近日开往彰化，会合黎景嵩、吴汤兴两军及台中义勇，先扼守大甲溪南岸，然后传檄台北，共图恢复大计。”易顺鼎还考虑到所带3营每月饷银共须七八千两，要吴彭年向刘永福要求预支部分，吴彭年答应而去。

谁知，等到吴彭年从刘永福处预支饷银1万两，兴冲冲地来告诉易顺鼎时，易顺鼎却变卦了。原来，在吴彭年离去后，易顺鼎一些在台南的老乡，“以余辞道篆而领孤军为非计，争相谏阻”。同时，易顺鼎又得知台中情况十分困难：“又接黎守电信，极言台中富民尽去，无饷可筹，尚欲望台南接济云云。”因此，易顺鼎权衡利害：“考虑到自己没有官职在身，地方官员不归自己指挥节制，军队的饷源毫无把握保证筹足，手下的将士也和自己不相习熟悉，指挥起来不能得心应手，这三条都是危险之道。虽然对于自己来说危险固不足畏，但无如冒着危险而无济于抗日大局何？”于是，易顺鼎改变主意，借口回内地向各督抚求援，而拒绝领兵驰援台中。由于彼此之间并无上下级隶属关系，刘永福也不便勉强，让易顺鼎带上向各督抚求援的信件，登船内渡而去。

易顺鼎的临阵脱逃，正应了时人对他的评论：“能说不能做”。意即说话的巨人，行动的矮子。其实，从当时的大势来看，两国军力差距很大，台湾抗日最终都会失败，不是刘永福、易顺鼎等人区区之力所能挽回的，易顺鼎对自己估计还是过高了。

第二节　台中英烈

虽然易顺鼎临阵脱逃，但台南援救台中已是箭在弦上，不容改变了。于是刘永福改派记名提督李惟义代统原来拨给易顺鼎的3营士兵，仍由吴彭年为营务处赴援台中。7月20日，当他们率军到达彰化时，合城的绅民都出来迎接。时吴彭年39岁，正是年富力强的时候，被誉为“胆略不凡，有儒将风”。他们和台中义军会合后，马上严申军令，逃兵皆杀之，不徇情面。并召集四邑绅士，筹款募兵。8 月 5 日到达大甲溪。

在彰化，黎景嵩因新楚军统领杨载云率军进攻新竹失败，改任李惟义为新楚军统领，率所部前赴新竹城外督战，设大营于苗栗、新竹两县之间的头份街，距新竹约 40 里。当时，新楚军已编为 7 营，新苗军编为 6 营，但屡经作战，人员多有伤亡，即使加上李惟义所率 1 营，合起来也不到 5000 人。而他们要面对的日本近卫师团则将近 1 万人，人数相差悬殊。不仅如此，两军武器装备的优劣、军事素质的高低也有天壤之别。因此，未经作战，胜负已分。

台中府领台湾、彰化、云林、苗栗 4 县及埔里 1 厅。苗栗县居北，与台北府的新竹县接壤。台湾县和埔里厅居中，彰化、云林居南。

8 月 8 日，新竹日军主力在日本军舰的配合下，倾巢而出，分三路向抗日义军扑来。他们先用两天时间，逐个攻占抗日义军设在新竹城外虎头山及鸡卵面山、尖笔山上的阵地，驻守在这几座山的抗日义军寡不敌众，稍作抵抗后即向头份大营撤退。8 月 10 日，日军集中兵力向头份发动总攻，新楚军和新苗军奋起抵抗，殊死作战。日军开放开花大炮，子如雨下，硝烟散布，不见人面。激战中，诸军及李惟义抵敌不住，纷纷撤退。只有新楚军前统领杨载云力战，不避日军炮火。回见大营已破，尤复奋身殿后，身中数枪而逝。

日军攻占头份后，又乘胜集中主力进逼苗栗。苗栗县并无城池，吴彭年所率 1000 士兵驻扎在苗栗的东畔山上，构筑堡垒，修建棚舍，树立旗帜，设阵防守。8 月 13 日，5000 日军前来进攻。日军开始派出小部队，每一队数十人，每战一排四五人，错落散布，有进无退。接着是马驮大炮，一刻钟放数十响，如流星飞打，我军皆退却。吴彭年初骑赭马出阵，鞭之不行，再换白马始行，亲督诸军力战，手刃逃兵数人。黑旗管带袁锡清、帮带林鸿贵，身先士卒，屡冲敌锋，先后被日军打死，苗栗东畔山失守。吴彭年带残兵撤退到大甲溪。

这时，在头份败溃的新楚军和新苗军余部先后绕道回到彰化，向知府黎景嵩追索欠饷。黎景嵩因府库告罄，而各富绅又不肯捐助，只得将所存抄封两万两给付欠饷，然后命李惟义率军前去听候吴彭年指挥，“彭年张军幄，朝将校，晓譬大义，军心稍定”。吴汤兴则继续留在彰化募勇。

8 月 22 日，跟踪而来的日军开始进攻大甲溪。当时，吴彭年吸取前次战败的教训，将部队分为三部分：徐骧带一支小部队在大甲溪北岸设伏，另一支小部队在南岸设阵，吴彭年自率主力在阵后设伏。当天，日军以汉奸开路当前锋，13 人为一队，每队有一个日军督阵，而以日军的马炮队随其后。当前队打败时，日军的马炮队横阵继进猛击，弹急如雨，我军大队首当其冲，死伤枕藉，大败退。日军追击，时吴彭年率兵设伏，猛轰之，日军阵势大乱。我军趁机反击，日军大败逃跑。吴彭年穷追十余里，追至一条小溪，日军渡河潜逃。但刚渡到一半，而徐骧所带设伏兵从林中突出，与吴彭年的追兵前后夹击。日军丢下 50 多具尸体张皇逃遁，我军夺得许多枪械。吴彭年军得胜回归，路过海口，看到有几艘日军的运粮船停泊港内，有个名叫吴正川的亲兵，英勇善战，马上率七星队的几个战士，踊跃登上竹筏，向日军的运粮船追去，日军开枪射击，吴正川避过敌弹，跃登敌船，将船上日军杀死，夺取敌船。

第二天，日军继续进攻大甲溪。汤人贵率福军先锋营首当其冲，相持作战；袁锦清、徐骧由溪湾左右绕出，攻其两侧。日军本已被击退，却突然听闻后路大营失陷，各军震骇，遂哗退。原来，新楚军统领李惟义作战素来畏葸，但却为黎景嵩赏识。前次战败后，本应惩处，但因黎景嵩为他求情，所以，刘永福仍让他作为大军的后援。当时日军被汤人贵、袁锦清的部队阻挡无法前进，于是就用重金收买土匪，冒充是日军，前去袭击李惟义的部队，李惟义惊恐逃遁，前敌受到影响而败。袁锦清扼守大甲溪，抵死不退，率健卒 50 多人向日军冲锋，颇有斩获。但日军的炮兵赶到，弹如雨下，袁锦清等 50 多人壮烈牺牲于日军的炮火之下，日军占据了大甲溪。

吴彭年自大甲溪战败，率残部退回彰化，吴汤兴、徐骧各率所部来会。当时，日军乘胜追踪而来，形势严重。彰化官吏中有人劝吴彭年弃城他走，吴彭年严厉拒绝了：“我们弃城他走，人固然安全了，其如土地何？而且我们又有何面目去见台湾父老呢？”并誓死要保卫彰化。吴彭年并将自己的决心电告刘永福。刘永福疑惧，感到吴彭年有以身相殉的意思，复电称：“日兵来攻，你就尽力抵御，如寡不敌众，就可以考虑撤退，死守无益！”吴彭年看完电报后对着部将长叹道：“吾与台事毫无责守，区区寸心，实不忍以海疆地拱手让人，今刘帅谕我死守，诚知我也！”而吴汤兴、徐骧也请力主抵抗谓：“不战而退，何颜见刘帮办乎！”

于是，台中义军继续与日军作战。8 月 24 日，徐骧率义民 300 人，迎击日军。徐骧知道日军枪炮火力猛烈，自己部队肯定难以抵挡，他就命令义民埋伏在山弯丛竹中，自己则率领数十人树一面大旗引诱日军。日军果然追来，猛烈进攻。徐骧伪装败退，引日军来追过山弯。这时，营官陈仕高率镇海中军正营来接应，而营官陈尚志率新楚左营由左路，吴汤兴、孙仲安率义民 4000 人由右路包抄至，截日军为两段。日军后队先退，为徐骧的伏兵要击，死伤很多，士气沮丧。吴汤兴要指挥部队追击，以便夺回大甲溪，但大甲溪的日军的排列枪炮防守太严，义军无法取胜，到半夜时收队回归。

8 月 26 日，义军再与日军作战，再次打败日军 。 日军退入后山，吴彭年率军追击，也进入后山。并将情况电报刘永福，称要在数日内准备全歼这股日军。刘永福却大吃一惊，不禁拍案大叫：真是书生误事！因为日军所以会退入后山，必定有汉奸土匪作内应。况且后山有几条小路可以通到彰化城外的八卦山。如果日军真的探知这些进攻道路，则彰化不保矣！

为了加强彰化的军力，27 日，刘永福派王德标、刘得胜、孔宪盈、李士炳 4 营及旱雷营孔博一营来援助彰化。这支生力军斗志昂扬，到达当天就出动与日军作战。率领七星营的王德标勇毅敢战，看到有一支从海边运粮欲接济日军的运输船从上游顺流而下，其他部队阻止不住，王德标就率七星营下到水中阻挡。突然有 200 多名日兵来战，七星营毫不示弱，也列队迎击。日军向南打，七星营向北打，两岸子弹簌簌如雨下，其他黑旗军则趁机夺取日军的两只运粮船，日军其他的运粮船则大半倒在河中。战到日暮，两军收兵，七星营毫无损失。

彰化县城依凭八卦山筑成，城周 900 余丈，是个小城。很早以来，人们因为该城完全受八卦山控制，不利守御，曾多次建议移城别筑，却一直迁延未行，只是在八卦山建筑炮台以护卫城池。据说，八卦山炮台以石垒壁，有可容1营多兵力的兵营，设置重炮1门，山炮1门，及后装炮2门，并有军械弹药库，唯对后路未曾设防。这座炮台的得失关系到彰化的存亡。

由于有援兵的到来，彰化守军增加到3000余人，吴彭年遂将防务作如下部署：八卦山为布防重点，由吴汤兴、徐骧率新苗军两营，李士炳率七星队1营，沈福山率黑旗军亲兵队1营共4营驻守。吴彭年则率王德标、孔宪盈等部驻守距彰化城北5里的茄冬脚，孔博则率旱雷营往后山布雷，以防日军从后路偷袭。对于吴彭年的部署，黎景嵩很不以为然，曾向台南乞援："并谓土匪引贼进攻八卦山，吴彭年在彼死守，恐不能胜云云。"

8月28日，日军近卫师团1万余人分两路向彰化发起总攻，其主力为右翼，进攻茄冬脚义军，目的是牵制此处兵力不能援救八卦山。作战开始，王德标跃出阵，势头很猛，七星队将士跟着冲出，日军多有死伤不能前进。另有一支日军想从河溪寻找进攻路径，七星队则5人为一组，以背相向，回环开枪，共成数十队，呼声大作，其余的黑旗军部队也左右援应。激战中，王德标身受数枪，但坚立不退，指挥将士截击日军。

与此同时，日军的左翼亦向八卦山进攻，以猛烈的炮火掩护

6 个中队的步兵，从东、西、南三面向八卦山炮台发起冲锋。炮台守军立即开炮抵御，吴汤兴脚踏一双草鞋，持枪指挥部下还击，徐骧奋勇作战。但日军的炮火太猛烈，吴汤兴、李士炳、沈福山先后中弹牺牲，只有徐骧率残部数十人走后山，突围逃往台南。

却说吴彭年正在茄冬脚督战，忽然闻报八卦山失守，便勒马率七星队 300 余人回身来救。却被日军开放大炮轰击，七星队伤亡几尽，左右见日军炮火猛烈，欲保护吴彭年退走，但吴彭年坚持不退，而日军子弹如雨下射来，吴彭年及所乘白马身中数弹，死于阵中。

日军既占八卦山，遂分兵三路从东、南、北三门入踞彰化。黎景嵩在李惟义等护卫下，仓皇从西门逃往台南，王德标也被左右挟持下，退往嘉义。

闻悉吴彭年殉国的噩耗，刘永福悲悼哀痛，十日不见客，对灵位恸哭不绝！

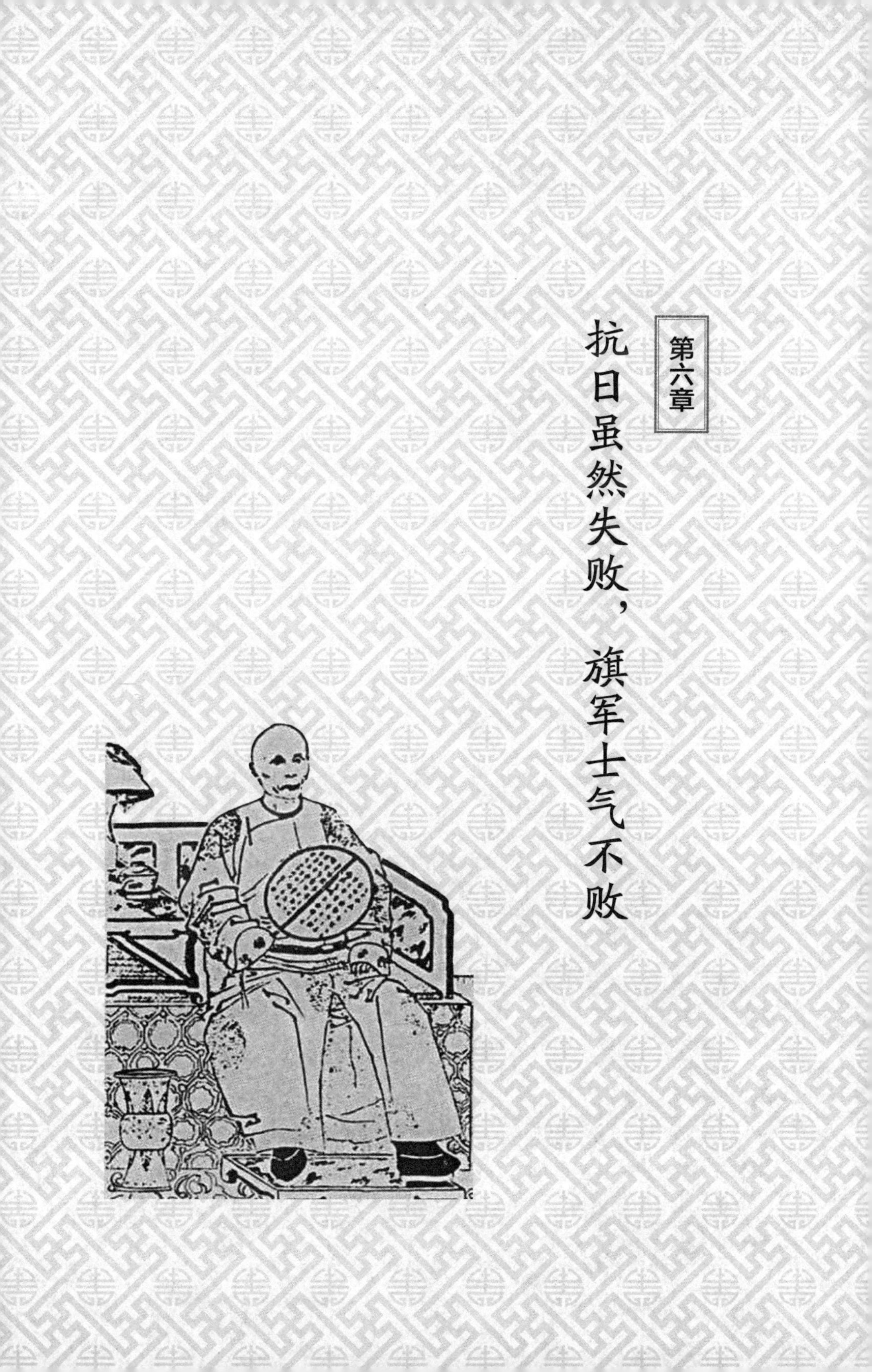

第六章 抗日虽然失败，旗军士气不败

第一节　督抚变脸

这边台中战事激烈，那边台南的刘永福却坐困愁城，当前急务是为抗日义军筹饷、筹粮、筹械，还有许多行政事务，公私诉讼等，但因为粮饷军械不是想筹就能筹到的，而一些重大的行政事务、公私诉讼其实也与筹饷、筹粮、筹械相关。如当时的粮饷主要是靠百姓的捐助，但捐得多了，难免就会有抵制情绪，捐助就不顺利了，劝捐的人就会以势压人；被劝捐的人常常会用逃回内地的办法来躲避，矛盾层出不穷，公私诉讼也就源源不绝。忙得他焦头烂额，却难见效果。正当台南陷入弹尽粮绝的困难局面时，在 7 月间回内地筹钱的易顺鼎，于 9 月 15 日又回到台南。

刘永福知道易顺鼎回来，不禁喜出望外，马上差人请来总兵府相见。当听到门外传来脚步声时，刘永福忍不住站起来迎上去，对着风尘仆仆而脸带倦色的易顺鼎慰问道："实甫先生为台南抗日事奔波劳累，辛苦了！"

易顺鼎被刘永福的诚恳态度感动了：“将军独力支撑危局，筹谋帷幄，决胜千里，真正辛苦的人应该是您。”

等到双方坐下寒暄几句后，就急不可耐地问：“实甫先生快说说，内地的情况如何，各地督抚知道台南抗日情况后，有什么表示吗？”

听到刘永福急切的问话，易顺鼎脸上显出羞愧的神色，几乎落泪地说：“惭愧了，实甫辜负将军了！”

刘永福不觉一惊，差点儿蹦起来：“难道实甫先生没有……”

易顺鼎惭愧地点点头：“实甫辱命了，没有筹来将军急需的粮饷军械……”说完，他不顾刘永福沮丧的神色，将这次内渡求援碰壁的经过向刘永福细细地说道。

他非但没有带来刘永福望眼欲穿的大批粮饷，而且带来令刘永福沮丧的消息。

原来，易顺鼎于7月3日内渡后，倒是不辞劳苦地先到厦门，再换船到上海，于下旬到南京去见南洋大臣张之洞。一见面，知道易顺鼎来意的张之洞就先发制人地说：“你来得太迟了，如果是早点来就好了！你难道不闻说现在朝廷正有人参劾我运输粮饷军械接济台南，从而阻挠中日和议的实施吗？难道不闻说朝廷已经有旨查禁各个海口，以防止各地运输粮饷军械接济台南吗？”

张之洞怕易顺鼎不相信自己的话，还拿出总理衙门发给他的电报给易顺鼎看：“奉旨，现在和约既定，而台民不服据为岛国，自已无从过问。惟近据英德使臣言，上海、广东均有军械解往，并有勇丁由粤往台，疑为暗中接济，登之洋报。或系台人自行私运，亦未可知。而此等谣言，实于和约大有妨碍。”因而命令各有关督抚，查禁各海口，设法禁止私运粮饷军械接济台南。

看到张之洞以奉旨查禁为借口拒绝援济台南，易顺鼎着急了，便指出台南曾于6月21日收到张之洞的来电，嘱台南坚守再月即有救兵的事情来提醒张之洞：“台南百姓因为您的这封电报，为台民表达了他们的心意。现在台民盼望您应允的救兵急如水火，仰望张之洞如天地父母一样。如果您没有过这样的承诺还好，既然已有这样的承诺，刘永福已根据您的要求坚定台南不止一个月了，但您承诺的救兵却未见到来，这如何是好？”

张之洞听到易顺鼎这样说，无话以答，只是嘱咐易顺鼎暂时留下等候消息。

过了几天，易顺鼎又去催促张之洞，张之洞无法，才最后摊牌表明不能接济台南的明确态度说：“现在实在没有援救台南的办法。希望刘永福奋力自为，不必拘泥于内地有无救兵的承诺。台湾现在已不再是中国的领土，刘永福如能割据台湾为中国做屏藩，胜于落入倭寇手中万倍！至于台南缺乏粮饷军械，则只有学古人孔明草船借箭的办法，设法从敌人手中弄到粮饷军械，如果真能得手，敌人的粮饷军械就都变成我方的粮饷军械了。刘永福是个奇男子，如果能割据台湾则会成为又一个郑成功，即使失败了，也可成为又一个田横矣！”

事已至此，易顺鼎已无法再求下去，只得请求张之洞在最后关头，能够设法帮助刘永福从危险中脱身，以为国家保存一名将才：“刘永福实无郑成功那样建立一个国家的才能，也没有像田横那样殉国的志气。倭寇不进攻台南则已，一进攻台南，刘永福必不能死战，结果就很不好了。与其我们坐视刘永福失败，损害他的英雄名声，从而使我中国增加一大耻辱，不如先召回刘永福，使他避免战败的恶名，既保全了刘永福的英名，又为中国保留一员将才。”

易顺鼎还向张之洞提出一个建议：即由张之洞出面将刘永福调回内地，却派易顺鼎代替刘永福主持台南抗日战事，并强调说：“刘永福需要张之洞的保全，而我甘趋鼎镬不望保全；刘永福需要张之洞的接济，而我只要有基本的武器就可以和敌人作战，不需要任何接济。台湾已成中国置之度外的地方，我无官无职，也是中国置之度外的人，与台湾人地相宜，位置没有更适合的了。”

对于易顺鼎的建议，张之洞虽然在口头上称赞他是“奇情壮采者”，却对是否答应他的要求一笑置之，既不明确表态是否接济刘永福，也不明确表态是否派易顺鼎去取代刘永福，就这样含糊过去了。

在此期间，易顺鼎设法与已北上唐山督师的刘坤一联系上了。刘坤一表示：他虽然关心台南抗日战事，但却无法接济刘永福：“制于朝命，限于重洋，无法接济，不敢相欺！”“台事每饭不忘，苦无兵饷接济，奈之何！”刘坤一又指点易顺鼎到武汉去见湖广总督谭继洵，他和两广总督谭钟麟有交情，刘永福是两广总督的部下，两广总督已电令刘永福回任南澳镇本任，看看他对刘永福有什么想法。

易顺鼎遵嘱到武汉去见谭继洵，谭继洵也是个热心人，马上与谭钟麟联系，看看广东能否接济刘永福：“鄙意粤东地大物博，尚欲恳多筹数万金，助其支拒，且冀收功桑榆，大为中国吐气！”但谭钟麟第二天复电，表示不能援济刘永福，因为台湾抗日的行动是没有前途的，至于刘永福本人的去向应由他自己决定：“前嘱杨西园密致渊亭早为之计。归不归，我不能决也！”

易顺鼎只得快快离开武汉回到南京，那时，他知道，张之洞自己虽然拒绝大批接济刘永福，却暗示属下的官吏以私人名义筹款接济。易顺鼎因为刘永福坚决抗日，粤督劝他内渡、日酋桦山劝降都不能动摇他的决心，而且对自己期望很大，早早派人在厦门恭候自己赴台南，这使得易顺鼎又想去台南。于是，他向张之洞的几个部下要10万两银子带去台南，但这几个官员在推托了一阵后，最后只给了易顺鼎6000两。易顺鼎拿着这些钱，于9月15日回到台南。

刘永福耐心地听着易顺鼎的叙述，原来显黑的脸色越发变黑，好不容易听完，知道不能从内地各督抚那里得到他日夜盼望的援助时，不禁长叹一声："难道台南抗倭战争就这么完啦？"

易顺鼎苦笑着说："我已尽力了！"

刘永福沉思了很久，才长长地吁了一口气说："如果台南真的保不住了，那我该怎么办呢？"

对于这个问题，易顺鼎还真不好回答。因为按照刘永福的多次表态，都是"要与台南共存亡"，如这样，答案是很明显的。但在军人看来，胜负乃兵家常事，打不过就跑吧，这才是正道，否则，打败一次就要死，那还会有军人吗？刘永福却这样提问，显系有了新的想法，但这种新的想法是什么呢？易顺鼎不敢妄测，只好试探地说："现在看来，台南是没法保全了，到时，我倒不希望将军因此内渡，而应该退入台南内山。将军以前常对我说，平生最景仰的有两个人，一个是关夫子，一个是岳夫子。这两夫子当时如果不是舍得以死相报，又怎能流芳百世，血食千秋呢?将军万一不能以死报谢台南，不如退入内山，做一个终生反抗倭寇的草寇，也不失为英雄末路。”

刘永福疑惑了：“据有台南、台中两府之地尚不能坚持，退入内山就能终生反抗倭寇吗？”

易顺鼎来精神了，他扳着手指头说：“退入内山对于反抗倭寇有四利：一、地险倭不能入；二、粮足军不致饥；三、生番与倭为仇；四、义民到处相应。只要你有一日在内山，倭寇就会一日不得安枕。就像你当年在越南保胜，法军一日不得安枕一样！”

看到易顺鼎口沫飞扬地说着，刘永福渐渐地对这个书呆子有点不耐烦了。因为易顺鼎将台南内山和越南保胜相类比，实在是不伦不类。

当年刘永福能在越南坚持抗法斗争，是因为他有一块经过十余年浴血奋战开创的根据地保胜；而他在台南，由于邵友、唐景崧先后两任台湾巡抚的压制，他的声望并不是很高，在百姓中也没有建立巩固的威信。刘永福在台南威信最高，是在被推戴为抗日盟主的时候，但是，这种刚刚建立并未巩固的威信很快又被在台中和台南损兵折将的迭次败挫所破坏抵消。而从我们现在所能看到的资料来看，似乎未发现刘永福曾到过内山的记录，以一个威信未孚的败军之将，到一处他人地两生的地方去开辟抗日根据地，这又谈何容易！其次，要抵抗用新式武器装备起来的侵台日军，刘永福起码必须保持掌握一支上千人以上的军队，而要长期维持这样一支军队，需要大量的粮饷军械，这也是刘永福所不能解决的。再次，刘永福在台南所统率的军队，已不是他当年所率经过战斗考验的黑旗军，而基本上是一批仓促募集的乌合之众，其素质及对刘永福的忠心，已非昔日旧部可比。他们在日军未来之前已经纪律涣散，一味劫掠；到了事势紧急的时候，还会有哗变甚至威胁刘永福人身安全的企图。最后，是台湾民众人心动摇。当日军在台湾攻城略地，节节胜利的时候，自然会有许多百姓臣服侵略者，特别是当日军占领整个台湾后，这些顺民估计会占人口的大多数。如果刘永福遁入内山坚持抗日战争，最终难免会被汉奸出卖。由此看来，易顺鼎所谓刘永福退入内山有四利的说法，实在是毫无实际的空想，如果刘永福在所有一府四县时尚未能战胜立足未稳的少数日军，而要求他在日军已经占据全台并建立巩固统治后再战胜对方，实在是强人所难了。

易顺鼎这次回来，和刘永福之间有了许多隔阂，以致商量事情意见总是不一致，结果，易顺鼎无法在台南待下去，只得离开台南内渡。

由于易顺鼎不能筹到台南急需的饷械，因此，他的二次来台，反而起了消极的作用。由于他倡言内地不能接济，于是人心日益涣散，议员营弁纷纷逃遁不可遏止，台南抗日遂不可为了。

第二节　台南失陷

彰化与台南所属嘉义交界，彰化失守，意味着日军已打到台南的门口。因此，刘永福在痛失吴彭年之余，急忙筹备加强防御，亲赴前敌部署一切。然而，刘永福前脚刚离开台南府城，10 艘日舰后脚就骚扰台南各海口，炮声终归不绝。刘永福闻警，只得以驰回台南。

看到刘永福这样南北兼顾，疲于奔命，吴桐林遂建议他派骁将杨泗洪代替前去指挥前敌战事。于是刘永福统率镇海中军正营、后营、前军右营、武毅右军右营和吉林炮队等 5 营，前赴嘉义抵敌，并授予节操前敌诸军和各地义军的权力。杨泗洪，字锡九，江苏宿迁人，记名提督。台南统领多遵旨内渡，他却愿追随刘永福守土不去。他也是一个血性男儿，对于日军的猖獗早就义愤填膺。得知吴桐林大力举荐及刘永福的信任重用，感泣不已，慷慨地对吴桐林说：“我当以身报大将军知遇之恩，庶不负先生牙齿力也！”并召集所部，誓师出征：“励其忠义之气，激以夷狄之辱，垂泪而道。士气奋发，慷慨启行。”临行时，刘永福知其每战必先，“诫其自重”。杨泗洪答称：“我如驱饥羊搏饱虎，利在速战，机在勇决。我苟不先，士气少沮，无能为也。”刘永福知其有必死之心，默然无语。

日军占领彰化后，即分出三支军队侵掠各地，一支军队出彰化西门以占鹿港；一支军队出彰化南门以占社头；一支军队去占云林县，并到达北斗。8 月 30 日，日军前锋进占嘉义城北 30 里的大莆林。这时，王德标正率残部在嘉义养伤，“英气不衰，誓吞敌！”，并设法联系嘉义县属的大批土匪以抵御日军。却得到杨泗洪率领生力军到来，势力大增。杨泗洪急于立项，遂留王德标守嘉义，他与黄荣邦等义勇于 9 月 3 日去袭攻大莆林。

当时，驻守大莆林的日军为步兵 1 个大队和骑兵 1 个大队，受到抗日义军包围后，为确保后路交通，派 1 个中队士兵回守北面 10 里的他里雾。杨泗洪侦知日军的行动后，自率大军佯攻大莆林，却派黄荣邦乘虚袭击他里雾。当时，他里雾仅驻有 1 个日本通信骑兵队，明显处于劣势，只得躲避到一座神庙坚守。黄荣邦率众围之，阿丑自执大斧劈门，7 人随之，日军乱打枪，阿丑跳入神庙。日军慌忙越墙逃跑，其中有几个走散的，被抗日义军打死。侥幸活命的只有 3 个人，与回救他里雾的日军中队会合，又逃回大莆林。

这边，杨泗洪一面紧紧围困大莆林，一面又派出军队去伏击日军的援兵。9 月 4 日，黑旗军和抗日义军在他里雾袭击了一支日军运输队，除 2 人逃脱外，其余悉数被歼。

到 9 月 6 日，大莆林的日军已被围困快 4 天了，接济全无，只得拼死突围。恰好清军从嘉义运来两门大炮，准备对大莆林发起总攻，于是双方发生激战。在两个小时的战斗中，每个日军士兵平均发射子弹 360 发，可见战况激烈。最后，日军突围，踉跄奔出，又被我军截击，日军大乱。杨泗洪率军从后面追击，看见有个日军军官殿后，就想生擒他，却被日军击中脚部，但还是裹创督战，且战且息，屡犯屡突。直到把日军击退，这时他的腹部不幸又中弹，被部下救回后，延至两天后，伤重不治而逝。杨泗洪的灵柩运回台南后，台南绅民闻其殒，巷哭罢春，许多人拿着纸钱、麦饭到他的灵柩前哭祭。刘永福痛失爱将，更是伤心，身穿丧服，到台南城郊野外为杨泗洪招魂，边哭边奠，并叫人厚恤杨泗洪的家人。

日军自大莆林一战失败后，仓皇撤退回彰化，黑旗军和抗日义军趁机收复云林县，隔着浊水溪与日军对峙将近1个月之久。在这段时间里，敌我双方形势发生了很大的变化。就台南抗日武装而言，由于饷械匮乏，已到了山穷水尽的地步。前敌将士虽然奋勇杀敌，屡屡渡过浊水溪袭击日军，但斩获后请赏，刘永福却无以应，久而久之，军心觖望，无力进取攻势停顿。就日军近卫师团而言，自6月初在台北登陆，战至9月初已历时3个月，军中伤亡及患病人数剧增，到9月下旬，患病官兵达到3200余人，占全师团作战人数的五分之一强，其中，充当侵略先锋的旅团长山根信成少将等病死，师团长北白川能久亲王罹患重病，不久就死去。因此，日军一时也无力进攻。

进入10月，虽然刘永福每天都在总兵府处理公务，但各地的战报却使他的心思完全不在这安静的总兵府里，而是飞到那充满战火和硝烟的战场。作为一个军事长官，刘永福对于台南地区每个军事要塞的情况当然有着印象，所以，即使下面送来的战报往往不够全面和有很大的水分，但刘永福闭着眼睛也可以想象其中的成败利钝，将士的进退勇怯。这使得他感觉到战事越来越朝着不利于守军的方向发展了。

原来，就在刘永福对于台南抗日束手无策时，日军却极大地增加兵力：除了原有的近卫师团外，又增加了一个人数多达 2 万 ~ 3万人的第二师团和联合舰队。日军决定除了近卫师团继续从彰化进攻台南外，在联合舰队舰炮火力的支持下，第二师团的混成第四旅团的1.3万人从布袋嘴登陆，顺海边逼扑台南的左前面；混成第三旅团的1.2万人则从恒春的枋寮港登陆，从台南的后背部进击。日舰并向安平、旗后炮台佯攻，以牵制那里的火力。战事发展至此，台南抗日的失败已无可避免了。在北距台南34里的曾文溪一战中，徐骧带头向敌冲锋，首中敌炮，但很快又跃起高呼丈夫为国死，可无憾！才仆地而逝，壮烈殉国。“弹飞金铁多摧臂，炮洞心胸尚怒眸！”后人赞他：“蓬荜下士，闾阎细民，而能提三尺剑奋袂以兴，弃父母，捐顶踵，以为国家争尺寸之土，若徐骧人者，尤可敬矣！”

当日军三面来攻，败报迭闻，台南难保的时候，刘永福曾召集亲信考虑过自己的出路问题。摆在他面前的有四条路：一是战死，二是投降日军，三是退入内山坚持抗日，这三条路显然行不通。最后一条路就是设法内渡脱险回国，而且鉴于当时外有强敌环伺，内有溃卒哗变的危险，这事还要做得十分机密才行。10月 19 日夜，刘永福在亲信将领刘成良等十余人的保护下，悄悄来到海边，乘小船向停在海面的一艘约好的中国云澳木船驶去。谁知到靠近云澳木船时，云澳木船上的水手误会是土匪来抢劫而闹起来，不让刘永福等人上船。无奈之下，刘永福等人的小船只好靠向旁边一艘名叫“多厘士”的英国船。这艘英国船的船主一个月前在白沙墩打鸟时，曾被士兵当成奸细逮捕，送给刘永福处理，刘永福问清情况后，将船主释放，因而和这船主相识。这船主见是刘永福，知是逃难的，为了答谢前次的救命之恩，便将他接上船。当时该船已经搭载了上千的逃难士兵，船主为了保密起见，就将刘永福悄悄地藏在船主房内。果然，当这艘船向厦门驶去时，半路上几次被在海面巡逻警戒的日本舰艇“八重山”拦截搜查。

开始，上船的日军只搜查住在船舱的客人，却没有搜查船主房。其中上千的逃难士兵因为没带武器，所以都被放过了。但“八重山”回来报告旗舰，旗舰已得到消息，知道刘永福也在这艘船上，就命“八重山”追蹑，进行严密的检查。“八重山”立刻掉头追蹑，但已是两个小时以后的事了，“多厘士”已驶远，“八重山”乃变更航线，直朝厦门驶去，在厦门港外 10 里许的地方等待“多厘士”。第二天早上，截住“多厘士”。“八重山”命令其停船，派士兵拿着刘永福的照片上船，命令船长召集全体客人在甲板上列队，让日军一个个客人对照，见到身材高大的、衣冠整齐的都怀疑是刘永福而抓起来。另一方面，又命士兵分头搜查下层甲板和其他处所，时间长达 10 小时，但都没有发现刘永福。其实是船主见势不妙，即将刘永福藏在烧水间，穿着锅炉工人的服装，躲过了搜查。同时，船上挂起求救信号旗，厦门英领事赶来与日军交涉，责问日军："中日两国有约定，允许战败士兵放下武器后回国。你们现在这样大动干戈地搜捕刘永福，是想按照规定礼待他呢，还是想违反规定侮辱他呢？"日军无话可说，只好将船放行，但仍留日兵随船监视。"多厘士"到厦门港后，刘永福发现船上有日兵，验看旅客相貌后才放行。刘永福只得另辞雇小艇，从船尾吊落小艇，绕路从另外地方上岸，才逃过日军的搜捕，回到厦门。

刘永福领导的台湾抗日战争虽然最终失败了，却给侵台日军以很大打击。据日本学者统计：侵台日军投入了 49835 人的兵力和 26214 名的随军夫役，付出了近卫师团长北白川能久亲王、旅团长山根信成少将以下 4642 人阵亡的代价，花了 4 个月的时间，才勉强占领了台湾。这个数字还少算了因为伤病而被遣送回日本的几乎 28000 人。而日军在朝鲜和中国大陆与清军作战 8 个月余，伤亡为 2647 人，仅为在台湾作战伤亡的一半。从这些数字来看，可见刘永福领导的台湾抗日战争对于侵略者的打击是何等沉重。

在刘永福手下吃了大亏的日本侵略者恼羞成怒，连已经成功内渡的刘永福也不愿放过，曾照会清政府，要求追究刘永福的责任，但遇到清政府以“这是徒费笔墨的事情”而拒绝。

附录

刘永福年谱简编

公元（年）	年号	年龄（岁）	纪　　事
1837	道光十七年		九月十一日，生于广东钦州古森峒（今属广西防城港市），字渊亭，又名义。
1854	咸丰四年	17	父母去世。
1857	咸丰七年	20	离家投奔农民军头目郑三部下。
1860	咸丰十年	23	先后改投农民军头目吴二、王士林部下。
1865	同治四年	28	改投农民军头目黄思宏部下。
1866	同治五年	29	改投农民军头目吴阿忠部下。在归顺安德北帝庙创立黑旗军。
1867	同治六年	30	脱离吴阿忠，率领黑旗军进入越南。
1868	同治七年	31	春，进扎六安州。被越南政府承认为宣光团勇头目。夏四月，因歼灭盘文义，被越南政府赏给百户衔。六月，往保胜与何均昌交攻。
1869	同治八年	32	夏四月，与黄崇英战于保胜。五月，击败黄崇英，入驻保胜。

续表

公元（年）	年号	年龄（岁）	纪　事
1870	同治九年	33	十一月，因助攻黄崇英有功，冯子材赏给四品蓝翎功牌。
1873	同治十二年	36	九月，因助攻黄崇英有功，越南政府授予权充兴化、保胜防御使。十一月，因袭杀法军安邺功，越南政府授副领兵衔，仍权充兴化、保胜防御使。
1874	同治十三年	37	八月，因助攻黄崇英有功，获授正领兵官，越南政府并准黑旗军在保胜等地设关收税。十月，命刘永福权充三宣副提督。
1875	光绪元年	38	因协助云南剿匪有功，清政府赏给四品顶戴。
1877	光绪三年	40	六月，在云南捐局由监生报捐游击衔、请以二品封职。
1879	光绪五年	42	二月，越南政府实授刘永福为三宣副提督。
1883	光绪九年	46	四月，因力歼李维业功，越南政府赏授三宣提督，赐二品冠服。六月，晋封义良男。七月十三日，在怀德初败波滑。八月初一、二、三日，在丹凤再败波滑。十一月十四至十六日，在山西被法军打败，撤退兴化。
1884	光绪十年	47	正月十五日，云贵总督岑毓英到兴化，将黑旗军改编为清军12营。七月，中法宣战，清政府赏授刘永福记名提督衔。八月，进兵宣光。

续表

公元（年）	年号	年龄（岁）	纪　事
1885	光绪十一年	48	正月十六、十七日，在左育与法军血战后败溃。二月二十二日，清政府宣布停战撤军。三月初四日，张之洞奏请清政府，将刘永福和黑旗军安置在广东。五月十三日，离开越南到云南。八月初四日，离滇赴桂。十二月，离桂直粤，二十二日到达广州。
1886	光绪十二年	49	三月二十一日，简授南澳镇总兵。
1887	光绪十三年	69	五月十八日，调署碣石镇总兵。八月，进京朝觐。十月始返任。
1894	光绪二十年	57	六月，中日战争爆发。二十二日，奉旨率军赴台湾办理防守事宜。七月初一日，中国对日宣战，初五日，奉旨帮办台湾防务。八月初四日，率军航海渡台，初五日在台南登陆。九月初九日，奉召赴台北。十二日，视军基隆、沪尾、澎湖。三十日，署理台湾巡抚唐景崧，命专防凤山东港至恒春一带。
1895	光绪二十一年	58	三月二十二日，中日代表草签《马关条约》。二十五日，清政府电告唐景崧，宣布割让台湾给日本。四月初八日，清政府批准《马关条约》。二十六日，清政府有旨令台湾官员内渡。复电唐景崧："与台共存。"五月初二日，台湾民主国成立，但"刘无名分"。初七日，日军进攻台北。初九日，唐景崧命兼署台湾镇总兵。十四日，唐景崧仓皇内渡，台北陷落。闰五月初，三次拒任台湾民主国总统。初七日，宣誓就任台南抗日盟主。二十四日，派兵驰援台中。六月，头份、苗栗两战失利。七月初四日，书斥敌酋桦山。初九日，彰化失守，吴彭年战死。十八日，杨泗洪战死。八月十五路台南。

续表

公元（年）	年号	年龄（岁）	纪　事
1897	光绪二十三年	60	十一月，清政府起用刘永福。
1898	光绪二十四年	61	二月，奉旨重建黑旗军。
1899	光绪二十五年	62	十月二十七日，奉旨补授河南南阳镇总兵，婉辞不就。
1900	光绪二十六年	63	二月十四日，奉旨补授广东碣石镇总兵。七月，八国联军攻占北京，奉旨率军北上勤王。十一月，清政府接受《辛丑条约》，闻讯后请假归里。
1903	光绪二十九年	66	九月，自请裁撤黑旗军，并开去碣石镇总兵缺。
1907	光绪三十三年	70	正月十三日，有旨解除刘永福碣石镇总兵职。
1911	宣统三年	74	十月初五日，就任广东省民团总长。十二月初一日，辞去广东省民团总长职。
1917	民国六年	80	一月初九日，病逝于广东钦州。